LUZ AZUL

La naturaleza submarina del hombre

Ulyses Villanueva

KOLIMA
BOOKS

Título original: *Luz Azul. La naturaleza submarina del hombre.*

Tercera edición: Enero 2022
©2016 Editorial Kolima, Madrid
www.editorialkolima.com

Autor: Ulyses Villanueva
Dirección editorial: Marta Prieto Asirón
Maquetación de cubierta: Patricia Fuentes
Maquetación: Rocío Aguilar y Carolina Hernández A.

ISBN: 978-84-163646-2-6
Depósito legal: M-4637-2016

A Boris, mi profundidad

El buceo libre trata sobre el silencio...
el silencio que proviene del interior
Jacques Mayol

Cuando buceo intento ser el agua
Umberto Pelizzari

Convierte tu muro en un peldaño
Rainer Maria Rilke

Índice

Introducción

Éste es un libro sobre el mar. No se lee, se bucea. Trata de buscar la significación humana a través de nuestra presencia marina. La profundidad es una distancia donde se esconde la verdadera intimidad de uno. Cuando entramos en el agua se activan en nuestro cerebro muchos mecanismos que nos conectan con la parte de nosotros que nos define, que nos crea. Si bien el buceo a pulmón es uno de los modos para lograr esa sutura con uno mismo, el océano ofrece un abrazo de posibilidades con cada ola, con cada marea. Farero, náufrago, nadador o entrenador de cetáceos: el hombre y el mar.

Hay una diferenciación inmediata entre la apnea lúdica y la deportiva. En la primera estamos todos contenidos y la enseñanza no supone un riesgo sino al contrario, una forma pacífica de encontrar una medida de nosotros mismos. En la segunda, la exigencia física y mental es mucho mayor y los riesgos derivados de su práctica son evidentes. He tratado de mostrar ambas, de escuchar a aquéllos que son capaces de descender a más de 100 metros y a los que lo hacen a 10, y en las dos he hallado la belleza de la condición humana.

El 16 de diciembre de 2010 el buceador neozelandés William Trubridge batió el récord del mundo de inmersión libre en la disciplina de peso constante sin aletas. Descendió 101 metros sin asistencia alguna y logró llegar a la superficie tras 4 minutos y 8 segundos sin respirar. En una entrevista concedida pocos días después le preguntaron cómo se sentía bajo el agua y su respuesta fue la siguiente: «Feliz. El agua se lleva la gravedad, los ruidos y otras sensaciones corporales. Mientras más profundidad alcanza uno, más lejos cae toda la parafernalia del mundo de la superficie, y el pasado y el futuro son conceptos desconocidos. Bajo el agua sólo existe el presente, el momento que estás viviendo».

¿Qué lleva al hombre a adentrase en lo que Melville denominaba «la parte líquida del mundo»? ¿Qué preguntas hay en la intimidad de cada uno que sólo hallan respuesta en la profundidad del mar? La búsqueda de nuevos límites conlleva inexorablemente un aprendizaje que quedará en la memoria para siempre, pues el conocimiento que llega de la experiencia personal habita una hondura a la que pertenecemos.

El océano ha servido de inspiración a poetas de todas las épocas, que han buscado en él una metáfora de nuestra existencia pues hay un sentido de unidad y de congregación entre sus orillas.

Si no es el mar, sí es su nombre
en un idioma sin labios,
sin pueblo,
sin más palabras que esta:
mar

Pedro Salinas

Es el origen de la Humanidad, el origen de nuestras sensaciones evolucionadas desde la simplicidad de un organismo unicelular. Y en esa luz azul, en esa unión donde se citan los miedos y los placeres que aún nos dominan, nace la necesidad de devolver parte de uno a la marea, como esa exigencia de olvidar acontecimientos de nuestra vida a medida que avanzamos por ella.

Cuando di forma a la idea de escribir este libro supe que todos los que estuviéramos en él tendríamos en común el amor y el respeto hacia el mar. No he tenido interés alguno en conocer a quienes no tuvieran esa vinculación con la Naturaleza; somos un cardumen nadando en una sola dirección, siempre buscando la trascendencia de la vida.

I. Conciencia azul

Efectos terapéuticos

Estoy sentado en una buhardilla de una casa sin mar. Escucho la música de Magnus Östrom mientras contemplo el cielo a través de las ventanas. Aquí no hay orillas, sólo la música creando estados de ánimo. Ayer hubo tormenta y el verano huele a tierra mojada y limpia. Las cigüeñas siguen aquí y a veces cruzan por encima de casa con ese volar ingrávido que las eleva. El teléfono ha dejado de funcionar durante unos minutos sin causa aparente; he intentado encenderlo varias veces pero la pantalla no respondía. Mejor así. Entonces comienza a sonar un tema llamado *Longing*, nostalgia, que Magnus Östrom compuso en el año 2011. Tres años antes, su amigo de la infancia Esbjörn Svensson murió a causa de un accidente de buceo. Tenía 44 años. Para los amantes del jazz, el Esbjörn Svensson Trio fue uno de los grandes grupos de la pasada década: lo formaban Esbjörn al piano, Magnus a la batería y Dan Berglund al bajo. La nostalgia crece, crece la imagen de lo que no está, de lo lejano. Y en mí emerge la imagen de un mar azul y en calma, puedo olerlo a kilómetros de distancia, oírlo, mientras la música se sucede en este pequeño pueblo de montaña. El mar como una cadencia, como un compás de música y movimiento, como una decisión.

Hay un profundo misterio en los beneficios espirituales que ejerce el mar sobre el hombre. La mera cercanía del océano cambia la respuesta corporal de quien no está acostumbrado a su presencia diaria, creando una pertenencia a la certeza líquida que contempla. Aún no conocí a nadie que dijera que el mar no le condiciona de alguna manera pues, como si de una respuesta fisiológica se tratara, despierta instantáneamente una compleja parte emocional en nuestro cerebro. Pablo Neruda comienza su poema *El mar* con estos versos:

> *Necesito el mar porque me enseña*
> *no sé si aprendo música o conciencia*
> *no sé si es ola sola o ser profundo...*

El biólogo estadounidense Edward Osborne Wilson popularizó en 1984 el término «biophilia» con una hipótesis que sugería que existe una conexión instintiva entre los seres humanos con otras formas de vida. Sostenía que el hombre siente una afinidad innata por todo lo viviente, «la conexión que los seres humanos buscan subconscientemente con el resto de vida», y que ese amor natural por la Naturaleza nos ayuda a sobrevivir.

Ahora sabemos que el amor comienza en la corteza cerebral con una serie de reacciones químicas que liberan hormonas al torrente sanguíneo. La feniletilamina es una anfetamina que segrega el propio organismo para activar la secreción de dopamina, el neurotransmisor que induce la sensación de deseo, y oxitocina, encargada de activar el deseo sexual. En su libro *Blue Mind,* el biólogo Wallace J. Nichols plantea una interesante pregunta: ¿Qué pasa cuando nuestro órgano más complejo, el cerebro, se encuentra con la característica más extensa del planeta, el agua? Algo nos fascina del mar que provoca una reacción neuronal en nosotros, tal vez por nuestro pasado líquido en el útero materno, o porque el origen de todo está en los océanos. El agua es sinónimo de vida, de supervivencia, y en ella encontramos la razón de nuestra existencia. Philippe Goldin, neurocientífico y psicólogo clínico de la Universidad de Standford, asegura que no hay lugar a dudas de que venimos del océano: «El

70% de mi cuerpo es agua salada. Mi cerebro está bañado en agua salada. Incluso las neuronas se encienden porque los niveles de sal cambian en mi cerebro». Como experto en los efectos de la meditación sobre el cuerpo dice que el océano induce un apacible estado meditativo más que crear un simple estado de relajación. Dicho estado aumenta la conciencia de lo que nos rodea y de nuestras propias emociones. «Como neurocientífico clínico para mí está claro que la mente y el océano son dos dominios orgánicos activos. Ambos son complejos e intrigantes, y requieren nuestra atención y cuidado para su continuidad y existencia».

Los beneficios derivados de ese estado en el que el cerebro está relajado pero atento incluyen el descenso de los niveles de estrés y ansiedad, el aumento de la claridad mental y una mejor calidad del sueño. Esos síntomas ejercen una predisposición que trabaja más allá de nuestra conciencia y convicciones. Cuando cerramos los ojos y pensamos en el mar, nuestro modo de estar cambia inmediatamente. Hay una urgencia en el cuerpo para conectar con esas sensaciones líquidas pues somos profundamente emocionales, no razonamos cuando una impresión nos invade.

La primera investigación promovida por el proyecto *Blue Mind* del mencionado Wallace J. Nichols estudia el impacto del sonido del mar sobre la mente humana. «Hay mucha investigación que ha analizado qué tipo de sonidos encontramos placenteros y relajantes los humanos, y qué tipos están considerados nocivos e inducen al estrés», afirma Shelley Batts, neurocientífica encargada del proyecto. Se ha demostrado que los sonidos más placenteros tienen patrones de onda previsibles, de tono medio a bajo, volumen suave y frecuencias armónicas a intervalos regulares, todas las características que muestran los ritmos del océano, lo que provoca un descenso de los niveles de cortisol en el organismo, la hormona del estrés. «Además hay un componente emocional que probablemente desencadene recuerdos y sentimientos de mitigación y seguridad». La investigación consistió en escanear los cerebros de voluntarios escuchando el sonido del océano y el del tráfico y, aunque ambos poseen perfiles acústicos similares, solamente el mar activaba el córtex prefrontal medio, asociado entre otras cosas a las emociones y la introspección.

Cuando voy a bucear hay un momento de integración antes de meterme en el agua. La respiración se va acompasando mientras contemplo un paisaje natural que poco a poco me contiene. Todo cuanto me rodea me sana, todo ese alrededor se convierte en mi centro: el aire que respiro, el sonido del agua, de los pájaros, la temperatura abriéndose paso en mi piel, todo se detiene en mí por un momento, y cuando al fin entro en el mar y buceo es como si entrara en mi propia mente. «Me preguntaba si el agua es un espejo para nuestras emociones más oscuras tanto como un motor para nuestra felicidad. El agua silencia todos los sonidos, todas las distracciones y te conecta con tus propios pensamientos», afirma Nichols.

El buceo a pulmón es un deporte que ofrece enormes efectos positivos sobre nuestro cuerpo y nuestro espíritu. A diferencia de los grandes atletas que descienden hasta profundidades donde se somete al cuerpo a una exigencia más allá de sus límites, la práctica tranquila, sin metas, sin competición, es una actividad que incrementa nuestro rendimiento diario y nuestra sensibilidad.

El aire del mar está cargado con iones negativos que aceleran de manera saludable nuestra capacidad para absorber oxígeno y equilibran nuestros niveles de serotonina, lo que ayuda a reducir los niveles de estrés y mejorar nuestro humor. El uso médico del agua de mar se remonta a Hipócrates, quien fue el primero en usar el término «talasoterapia» y en utilizar dichos tratamientos con fines terapéuticos. De hecho, el agua de mar contiene la misma concentración de minerales que el plasma sanguíneo. Una investigación realizada por científicos de la Universidad de Alicante en 2012 y dirigida por el Dr. Sempere desveló que el agua de mar fomenta la inmunidad celular y activa el sistema inmunológico reforzando las defensas del organismo frente a virus, bacterias y otros agentes patógenos. El mar contiene gran número de minerales antioxidantes e inmunomoduladores fundamentales para el buen funcionamiento de las células implicadas en la respuesta inmunológica. El estudio confirma que los leucocitos cultivados *in vitro* con la solución isotónica mantienen su morfología y viabilidad a lo largo del cultivo, sin estímulos añadidos, produciendo activación celular, provocando respuesta inmunológica y mostrando un claro incremento en la producción intracitoplásmica de algunas de las citocinas más importantes relacionadas con la activación de la inmunidad celular.

Los niveles de sal contenidos en el agua marina ayudan a eliminar toxinas y células muertas, lo que provoca la producción de otras nuevas, tiene grandes propiedades antisépticas y acelera la curación de heridas y abrasiones. Además, el magnesio mejora la hidratación de la piel. Todos estos beneficios y muchos otros derivados de nuestro contacto con el mar se conectan con nuestra forma de vida de un modo directo, ya que dependemos de nuestra capacidad física y de nuestra inteligencia emocional. Decía Borges que «el mar es un antiguo lenguaje que ya no alcanzo a descifrar» pues a veces la enfermedad se hilvana en el silencio de los días, en la repetición de los actos usuales que fijan los goznes de nuestra realidad. A veces conquista lugares del cuerpo desacostumbrados a ser evidentes, a sentir su engranaje orgánico, latitudes invisibles y extraordinarias como el nácar de una concha creciendo lentamente alrededor de un centro. Siempre vi en el mar un lugar donde sanarme, ser en otro ser. Hay un fragmento de mí en cada decisión tomada, un origen incompleto en la soldadura de mi mundo.

Fronteras

Hay dos fronteras entre el hombre y el mar: la orilla desde donde nos asomamos a la enorme inmensidad azul, y la superficie bajo la que se oculta la misteriosa y aún inexplorada hondura. Me gustó la forma en que Óscar Mateo, hombre de mar y de profundidades, me contaba su relación con ellas: «Para mí el mundo debería llamarse 'Océana', no Tierra, porque casi el 70 por ciento de su superficie es acuática, no terrestre. Quizá los que vivimos en este hemisferio y en esta parte del mundo vemos bastante tierra, pero los que viven cerca de las costas del Pacífico saben que no hay más que mar. Para mí el océano es la manifestación de una frontera a otro mundo. Siempre que me aproximo a él me encanta pensar que, al poner los pies en la orilla, estoy en contacto con otra realidad que se mueve constantemente; nunca está parada, y eso me hace reflexionar sobre nuestras propias fronteras, tras las que nos gusta ser muy cartesianos y pensar que todo es muy estable, que todo se puede medir y comprobar. El mar siempre me recuerda que no, que la Naturaleza es tan variable que seguramente hay más realidades que las que nuestros cinco sentidos nos dicen. El mar da una perspectiva especial; yo a todo el mundo le recomendaría la experiencia de salir en un barco, abandonar la costa hasta perderla de vista y permanecer allí unas horas, para que se dieran cuenta de su pequeñez y de qué fácil es perder las referencias. Estoy convencido de que muchas personas cambiarían tras vivir esta experiencia. Cuando voy a bucear intento sentir el mar, su estado anímico y antes de nada toco el agua, entro en comunión con ella, pido permiso y doy las gracias».

Hemos visto cómo existen evidencias de que el contacto con la Naturaleza está asociado a beneficios para la salud. Y se ha demostrado que restaurar las propiedades de los entornos naturales tiene un impacto mayor sobre la salud mental. La interacción con el medio en el que estás, no sólo el mar sino cualquier enclave natural, provoca en el cerebro una serie de respuestas positivas y duraderas. Sólo lograremos acercarnos a otras realidades dejando atrás la nuestra. Esa frontera oceánica exige liberarnos de un peso que no necesitamos, de una seguridad que no tendremos. Viajar es descubrir. Las vidas de muchas personas están dirigidas a proteger de manera activa la salud de los mares pero, de alguna manera, todos somos el origen de su salvación. Muchas de nuestras decisiones dependen del sacrificio que conllevan; pero la renuncia a determinados privilegios es un paso que no todos estamos dispuestos a dar.

En 2007 Ana Salceda produjo y dirigió el documental *Coral Connections* en el que ofrece un decálogo de actitudes para nuestros viajes con las que se puede favorecer un cambio de conciencia:

- Elige hoteles, líneas de crucero y touroperadores conocidos por su respeto al medio ambiente
- No desperdicies agua durante el viaje
- Consume pescados y mariscos sostenibles. No comas langosta ni mero fuera de temporada
- No compres productos hechos de coral, caparazón de tortuga o especies en peligro
- Respeta la vida marina: observa, pero no toques. Sé cuidadoso al bucear, no pises el coral
- Llévate las baterías a casa y recíclalas
- Usa combustibles eficientes y energías renovables
- Vota a políticos que tengan agendas verdes
- Habla con tus amigos. Cuéntales cómo pueden ayudar

Conocí a Ana en la universidad y siempre nos unió un extraño sentido de pertenencia, una amistad más allá de nosotros. No sabíamos que descubriríamos el valor de esa inclinación hasta muchos años después, cuando la edad y la distancia nos habían alejado el uno del otro. Durante más de dos décadas Ana ha trabajado como periodista, investigadora académica, estratega, defensora y realizadora cinematográfica de documentales con base en Estados Unidos, Europa y América Latina. A lo largo de su carrera se ha centrado en catalizar los cambios sociales revelando las conexiones entre Sociedad, Ciencia y Naturaleza. Actualmente vive en Washington D. C. donde continúa trabajando. «Siempre me llamó la atención lo poco que sabemos y lo mucho por descubrir del océano. Creemos que sabemos cómo funciona y lo que no sabemos lo dejamos a la madre Naturaleza o a Dios, si eres una persona religiosa, que no es mi caso. Me preocupa lo poco que sabemos, sobre todo de las montañas y cordilleras, de los volcanes y los habitantes de las profundidades y los abismos. Dentro de este desconocimiento no nos damos cuenta de todo lo que el mar nos da, y no estoy hablando de pescado para comer, estoy hablando de todo el ciclo de la lluvia, estoy hablando de medicina para curarnos, sin entrar en el efecto psicológico y curativo que tiene el mar en todos nosotros. Parece que hay algún lugar en nuestro cerebro y en nuestro espíritu en el que, realmente, el océano evoca belleza, paz, y ejerce un efecto terapéutico en los seres humanos. Como comunicadora, como cineasta, he estado trabajando en temas relacionados con el mar durante los últimos 14 años y sólo puedo lanzar un mensaje de optimismo porque, sinceramente, creo que las cosas pueden cambiar. Estamos esquilmándolo, arrasándolo y destrozándolo y no se va a recuperar a sí mismo. Sin embargo, no importa cuan diferentes sean los intereses de los varios sectores siempre y cuando mantengamos la vista en el objetivo común, que es cuidar y mantener de una manera sostenible el mar. Es posible. La clave de todo está en la comunicación».

Hace poco tiempo tuve la oportunidad de ver uno de sus últimos trabajos titulado *A Sloth Named Velcro*. En el año 2000, Ana se encontró en la selva de Panamá con un oso perezoso huérfano al que puso por nombre Velcro. Durante casi dos años se hicieron inseparables y ella se convirtió en su madre adoptiva; lo crió de la forma más natural posible hasta que pudo devolverlo al mundo salvaje. Es emocionante ver la manera en que el ser humano puede aprender a escuchar la Naturaleza simplemente observando, sintiendo, aceptando.

«Todo está conectado, no puedes estudiar un ecosistema, una especie o un país de manera aislada. Los ecosistemas no entienden de fronteras políticas y no pueden funcionar de una manera separada. Todo está conectado en una red de causas y consecuencias. Es muy importante utilizar los conocimientos que tenemos hasta el momento para retomar una relación natural con el mar, simbiótica, más sostenible, más eficaz; utilizar sus recursos de manera inteligente y toda la información que tenemos es más que suficiente para establecer políticas y diseñar estrategias que nos permitan seguir viviendo con el mar, del mar, sin acabar con él. Esto se aplica a la relación que tenemos con los animales. Creemos que cuanto más lejos y más diferentes somos de ellos, más evolucionados somos. Pero es al contrario».

«Cada vez que bajas y entras en ese otro universo de silencio líquido es mágico. Una vez estuvimos grabando en la costa mexicana, cerca de Belice, y tuve la oportunidad de bucear con tiburones ballena. Me tiré al agua; los primeros minutos estaba asustada pero, entre los 6 o 7 que tenía nadando alrededor, localicé a una hembra mayor, la más grande de todo el grupo, que iba muy lenta. Me puse a bucear a su lado y estuve 4 horas con ella. Los rayos del sol penetraban en el agua y podía ver cientos de rayas blancas en el fondo del océano; los lunares blancos de los tiburones ballena se iluminaban de una manera increíble. Y ella me llevó, me llevó a las profundidades. Me dio tiempo a pensar en mis mejores amigos, en mi hermano, con tanta belleza y tal nivel de comunicación, que sé que nunca más viviré algo parecido. Me cambió la vida. Salí regenerada».

Lastre

Existen otros pesos con los que uno camina y se enfrenta al mundo. La forma en que miro cuanto me rodea no probablemente difiere demasiado de la de otros, si acaso por una lentitud con la que trato de conectar con la textura de las cosas, pero nada que me haga extraño de los demás. Creo que lo que nos diferencia nos acerca; creo que lo que no entiendo es también un rasgo de mí. Mi manera de detener el tiempo es sentándome en un pequeño rincón del mundo y respirando profundamente hasta que la mente desaparece. Así encuentro mis coordenadas. Y, cuando habito realmente la envoltura de mi cuerpo, puedo acercarme a comprender el significado de las pequeñas cosas, las partes de las que estamos hechos, como si en ellas aguardara otra realidad distante que no vemos a simple vista. Cuando logro llegar a ese centro, cualquier acto que realizo se convierte en algo mucho mayor y trascendente de lo que hubiera sido en un principio. Y de manera inconsciente y misteriosa, otros rostros asoman de la materialidad que me rodea con otra cercanía.

¿Cómo se mira algo en su totalidad? ¿Cómo lograr deshacerse de los condicionamientos que todos poseemos y que arrastramos como un ancla por el fondo marino? Cuando buceo no voy buscando el éxito de una nueva marca personal ni el reconocimiento de mi esfuerzo, busco el asombro de una sensación efímera, apenas física, busco un cambio atemporal, y en ese momento absoluto de mí, cierto lastre desaparece con las corrientes del fondo, como una caricia que arranca el dolor hasta hacerlo desaparecer. Ahí abajo sólo yo entiendo mis propias palabras, sólo yo entiendo mi propia ignorancia. No soy una persona acostumbrada a leer los periódicos ni a ver las noticias en la televisión; encuentro más respuestas en la Naturaleza que en los periodistas, más verdad en un perro dormido que en un escaño. Parece extraña esta afirmación viniendo de un periodista, pero siento que el conocimiento global nos aleja de ese mirar la totalidad de lo que nos rodea. Somos esclavos de las palabras, de una significación que queremos hacer nuestra hasta prevalecer. La mente no se puede medir en palabras, simplemente no acepta ser racionalizada. Escribía Beckett: «Tengo miedo, miedo de lo que mis palabras harán de mí, de mi escondite, una vez más». El estado de ser se enfrenta a la contradicción constante de una manera de vivir que no siempre responde a la expectativa individual. Una vez le pregunté a alguien qué necesitaba para ser feliz y me contestó que no buscaba saber lo que necesitaba sino lo que le sobraba para poder encontrar esa felicidad. Incorporamos los conflictos a nuestro existir como se incorporan otros hábitos naturales. Pesan, pesa el pasado, la culpa, la pérdida, pesa la experiencia dolorosa, la duda. Para regresar de esa agonía que sucede en el pensamiento y que nos influye en cada decisión que tomamos, tenemos que parar por un momento el acontecer de nuestras vidas. La superficie de la mente es menos rigurosa con nosotros; sólo en la inexplorada profundidad se haya el conocimiento creativo que precisamos. Sí, el estado de ser puede encontrar la claridad un día cualquiera, entre los mismos muros que nos contienen a diario y despertar de un modo enigmático, como cuando uno olvida que está en el fondo del agua sin respirar y se demora en una sensación de libertad que durará para siempre.

La corporalidad y las emociones están unidas por un lenguaje común. Nuestro cuerpo reacciona de diferente manera ante ellas. Un equipo de investigadores finlandeses de la Universidad de Aalto creó en 2013 el primer mapa corporal de las emociones humanas. Descubrieron que cada una de ellas genera una respuesta en zonas concretas del organismo, llegando a la conclusión de que son universales y tienen un fundamento biológico. Lauri Nummenmaa, profesora de Neurociencia y líder del equipo de investigación, explicaba al respecto: «Las emociones no sólo ajustan nuestra salud mental sino también nuestros estados corporales... De esta forma nos preparan para reaccionar rápidamente ante los peligros, pero también ante cualquier oportunidad que ofrezca el entorno como una interacción social placentera». Los científicos realizaron cinco experimentos en los que 700 personas debían localizar el lugar en el cual sentían en efecto una serie de emociones básicas: la ira, el miedo, el asco, la felicidad, la tristeza y la sorpresa, y otras más complejas: la ansiedad, el amor, la depresión, el desprecio, el orgullo, la vergüenza y la envidia. Los participantes debían colorear sobre una silueta humana las zonas que se activaban con cada una de ellas: en rojo las áreas de mayor actividad y en azul las contrarias. La coincidencia fue del 70% y las dos emociones que causaban una reacción corporal más intensa fueron el amor y la felicidad. Para demostrar esa universalidad, independientemente de la cultura o el grupo lingüístico, repitieron las mismas pruebas con tres grupos diferentes: finlandeses, suecos y taiwaneses. En general, las emociones básicas activan el tronco superior e inciden sobre el ritmo cardíaco y la respiración. La cabeza se ve afectada por todas las emociones y las extremidades superiores se hiperactivan con la ira y la felicidad, pero menos con la tristeza. «Hemos llegado a la conclusión de que estos mapas reflejan los cambios corporales sistemáticos asociados con cada emoción, es decir, cada una desencadena un patrón funcional específico en el cuerpo que se corresponde con la forma en que trata de proteger nuestra mente y nuestro cuerpo».

De la misma manera que las emociones tienen un impacto directo sobre el cuerpo, nuestro gesto corporal puede favorecer un estado anímico determinado. Acostumbrarnos a un entorno natural determina una actitud física completamente diferente a la que observamos en ambientes más urbanos y artificiales. La biomecánica del buceo a pulmón favorece una actitud mental más sosegada e introspectiva, una sensibilización de nuestros sentidos. Y el mar es el escenario donde realizamos nuestra actividad mientras el cuerpo absorbe la belleza y la amplitud del paisaje que nos contiene. Las estrategias utilizadas en ambientes laborales tratan de favorecer la productividad con la decoración del espacio: la combinación de colores, imágenes inspiradores, zonas abiertas, mobiliario reciclado, plantas, materiales naturales y una iluminación inteligente si no se puede favorecer la luz solar. La expresión corporal refleja la armonía o la disonancia de la actividad y la exporta en cada pequeño gesto. David Le Breton, sociólogo y antropólogo, profesor de la Universidad de Estrasburgo, comienza así su bello libro *Elogio del caminar*: «Caminar es una apertura al mundo. Restituye en el hombre el feliz sentimiento de su existencia. Lo sumerge en una forma activa de meditación que requiere una sensorialidad plena. A veces uno vuelve de la caminata transformado, más inclinado a disfrutar del tiempo que a someterse a la urgencia que prevalece en nuestras existencias contemporáneas. Caminar es vivir el cuerpo, provisional o indefinidamente. Recurrir al bosque, a las rutas o a los senderos no nos exime de nuestra responsabilidad, cada vez mayor, con los desórdenes del mundo, pero nos permite recobrar el aliento, aguzar los sentidos, renovar la curiosidad. Caminar es a menudo un rodeo para reencontrarse con uno mismo».

El hombre camina encorvado y cóncavo cuando algo le pesa, doblado por la exigencia de un problema sin resolver y se arquea al andar vencido por esa rotura en su interior. Es como si el cuerpo hubiera renunciado a elevarse sobre aquello que le desequilibra; todo le cuesta, hasta lo más insignificante. Le cuesta ser alguien en cada momento. Muchos desean tener autoridad sobre lo que les rodea cuando no cumplen un solo mandato para resolver el desorden interno. Son personas que suelen crear una transferencia hacia fuera para no buscar hacia dentro. Y muchas veces sólo necesitamos cambiar el gesto corporal, respirar profundo, estirar la espalda y emerger de nosotros mismos, desplegar el mapa que nos define como si viajáramos por una región orgánica. La ingravidez del agua ayuda a regresar al origen de esa corporalidad perdida y favorece la percepción integral de la estructura física y mental. En 2014 Guillaume Nery y Julie Gautier rodaron un pequeño vídeo de menos de 4 minutos de duración titulado *Ocean Gravity*, en el que se observa al buceador moviéndose por el fondo del mar como un satélite en el espacio. El cuerpo no se mece ya en la superficie sino que viaja con las corrientes como si sobrevolara un planeta desconocido desprendiéndose así de toda carga, de toda imposición.

Inteligencia económica

Alguien muy vinculado al mundo de la economía y de la empresa me dijo una vez: «En economía sólo hay un bando, que es el ser humano… El futuro de la Humanidad está en el mar y la única alternativa es considerarlo desde el punto de vista económico». Pero, ¿cómo gestionar el mar como un país? ¿Cómo seducir a las multinacionales para que colaboren en la sostenibilidad de los océanos? En 1968, el biólogo Garrett Hardin publicó en la revista *Science* un artículo titulado *La tragedia de los Comunes*, basado en el escenario descrito por el matemático William Foster Lloyd a mediados del siglo XIX. Se trata de un dilema que describe una situación en la que una aldea de familias ganaderas comparten los pastos donde comen sus animales. Para intentar lograr mayores beneficios aumentan el número de animales de cada rebaño pero, en algún punto de ese proceso de expansión, su capacidad de proveer alimento se rebasa e inevitablemente el sistema se colapsa y desaparece. «Quizás el resumen más sencillo del problema de la población humana es el siguiente: los recursos comunes, si acaso justificables, son justificables solamente bajo condiciones de baja densidad poblacional. Conforme ha aumentado la población humana han tenido que ser abandonados en un aspecto tras otro... De alguna manera, poco después vimos que los recursos comunes como áreas para deposición de basura también tenían que ser abandonados. Las restricciones para la eliminación de desechos domésticos en el drenaje son ampliamente aceptadas en el mundo occidental; continuamos en la lucha para cerrar esos espacios a la contaminación por automóviles, fábricas, insecticidas en aerosol, aplicación de fertilizantes y centrales de energía atómica... Cada nueva restricción en el uso de los recursos comunes implica restringir la libertad personal de alguien. Las restricciones impuestas en un pasado distante son aceptadas porque ningún contemporáneo se queja por su pérdida. Es a las recientemente propuestas a las que nos oponemos vigorosamente; los gritos de 'derechos' y de 'libertad' llenan el aire. ¿Pero qué significa libertad? Cuando los hombres mutuamente acordaron instaurar leyes contra los robos, la Humanidad se volvió más libre, no menos. Los individuos encerrados en la lógica de los recursos comunes son libres únicamente para traer la ruina universal; una vez que ven la necesidad de la coerción mutua, quedan libres para perseguir nuevas metas. Creo que fue Hegel quien dijo: 'La libertad es el reconocimiento de la necesidad'».

Este problema es aplicable a la sobreexplotación que sufren los recursos marinos en la actualidad. Las pesquerías ejercen una enorme presión sobre los gobiernos para incrementar las cuotas de pesca, lo que llevaría a una situación irreversible y a la extinción de las especies que pueblan los océanos. Un ejemplo concreto podría ser el de los atascos en las grandes ciudades. Para llegar lo más rápidamente posible al trabajo cada persona usa su coche hasta que se llega a un nivel crítico de conductores que hace disminuir la velocidad. En un momento determinado el sistema se detiene y el valor de un bien común disminuye para todos hasta que muere.

Dice Barry Schwartz, psicólogo norteamericano: «¿Cómo escapar del dilema en el que muchos individuos actuando racionalmente en su propio interés pueden, en última instancia, destruir un recurso compartido y limitado, incluso cuando es evidente que esto no beneficia a nadie a largo plazo? Nos enfrentamos ahora a la tragedia de los comunes globales. Hay una tierra, una atmósfera, una fuente de agua y más de seis mil millones de personas compartiéndolas. Deficientemente. Los ricos están sobreconsumiendo y los pobres esperan impacientes a unírseles».

La Inteligencia Económica busca la información, la analiza y en base a eso toma una decisión. Si no hay acción no hay Inteligencia Económica. Cuando acumulamos demasiada información no podemos gestionarla y sucede lo que se denomina la «parálisis por análisis». Rusia es el país más grande del mundo y cubre el 5% de la tierra, con una extensión de 17 millones de kilómetros cuadrados. El mar cubre el 70% de la superficie terrestre con 360 millones de kilómetros cuadrados. La mayor parte del mar está en aguas internacionales así que todos somos sus propietarios, la Humanidad entera. Si fuera una empresa todos seríamos sus accionistas, pero estamos acabando con ella. El PIB de EEUU asciende a

17 billones de dólares y el del océano a 2,5 billones, así que, como país sería la séptima potencia mundial con unos activos de 24 ó 25 billones de dólares. El nuevo modelo de funcionamiento mundial necesita humildad y creatividad para afrontar las cuestiones del ser humano. Hay que hacer un esfuerzo intelectual fuerte, no con modelos matemáticos, sino con moralidad.

Nunca había entendido la economía como una ciencia social, como una herramienta para sostener la supervivencia del ser humano. Es una responsabilidad histórica permitir a los economistas hacer frente a los retos que nosotros mismos nos hemos creado, para lograr la cohesión de las comunidades y la explotación sostenible de los bienes comunales. La instauración de un estado global que aplique un modelo económico de sostenibilidad del mundo aún está lejos, pero el pensamiento humanista, el cambio de mentalidad y de conciencia, necesitan abandonar las razones equivocadas que sosteníamos para generar garantías suficientes de conservación.

Juan Freire, doctor en Biología y profesor titular de la Universidad de A Coruña, afirma en su artículo titulado *Lo que es de todos no es de nadie*: «La idea equivocada del concepto de libertad es un lastre con el que también cargamos los seres humanos. Se tiende a pensar que cualquier nueva restricción en el uso de los bienes comunes va a conllevar una restricción de la libertad individual de alguien. Esto se debe a que convivimos día a día con los conceptos de 'libertad' y de 'derecho' llegando a malinterpretar su significado. Sin tratar de restar importancia a ambas ideas, se puede dar una visión un poco menos idealista de lo que podrían transmitir una vez liberadas de los prejuicios sociales a los que están sometidas. Estas dos ideas pueden tener una importante carga subjetiva, pero en gran parte nos hacemos la idea de ellas que la sociedad dicta, ya sea a través de los medios de comunicación con publicidad explícita o subliminal o, en definitiva, con los métodos característicos de la cultura de masas en la que nos vemos envueltos. Las nuevas leyes se pueden hacer para ser más libres y no para restar libertades como tendemos a pensar por defecto. Las leyes que se instauran con el fin de lograr una mejor gestión de los recursos comunes esperan un beneficio para todos los que se aprovechan de ese recurso, pero mientras tengamos tan sólo una lógica egoísta e individual no conseguiremos tener una perspectiva social más amplia que nos permita tomar las medidas adecuadas para explotar los comunes de la manera apropiada».

A menudo la libertad va en contra de nuestra propia conciencia; la facilidad para obtener resultados y beneficios hace invisible nuestra capacidad crítica y moral. Los primeros principios, los valores básicos que compartimos, necesitan también hoy de leyes que los protejan y que aseguren su apreciación. Si todos somos propietarios de una parte del mar todos somos responsables de su existencia y debemos creer en nuestra fuerza personal y en nuestra capacidad para favorecer su duración.

La sombra

Al llegar a la cumbre miré hacia el abismo y sentí esa efímera satisfacción que nos mueve a los montañeros a escalar alturas imposibles. Una fuerte ventisca removía los copos de nieve creando una nube blanca que danzaba a mi alrededor. Tenía sólo unos minutos para disfrutar de la sensación de plenitud en un paisaje único antes de descender. El día era muy claro y el horizonte circular mostraba los picos nevados de toda la cordillera, una cadena de alturas hela-

das que se elevaban como silenciosos centinelas. Alguien me puso entonces la mano en el hombro y me giré asustado. Ante mí vi a un anciano habitante de una de aquellas aldeas de montaña que había dejado atrás en mi camino hacia la cúspide. Iba descalzo y vestía con ropa de labranza. Era de baja estatura y tenía la piel tostada por el sol. ¿Cómo era posible que hubiera llegado hasta allí sin material ni equipamiento adecuado?

–Hola –le saludé cortésmente.

–Hola.

–¿Hablas mi idioma?

–Si quieres creer que es un idioma y que nosotros estamos hablando, sí.

Me sentí perplejo ante la respuesta de aquel hombre que sonreía sin motivo aparente ante mí.

–¿Cómo has llegado hasta aquí? –le pregunté.

–La pregunta es cómo has llegado tú.

–Escalando –le respondí mostrándole todo el equipo que me servía de andamiaje para la escalada.

–Escalando llegaste hasta ese risco de ahí, ¿lo ves? –me dijo señalando un saliente a unos cientos de metros por debajo de nosotros–. Luego te precipitaste al vacío.

–¿Qué estás diciendo?

–Te caíste.

–¿Y qué hago aquí hablando contigo si me caí en ese paso? –dije con cierto tono de burla.

–Algunas personas tardan en darse cuenta de que ya no están. Siguen con su tarea hasta que algo o alguien les avisa.

–¿Quieres decir que estoy muerto?

–Sí.

Sentí una extraña sensación hablando con aquel hombre, como si una parte de lo que estaba diciendo me ayudara a recordar lo que había sucedido, a reunir los fragmentos del olvido. Asustado ante la situación en la que me encontraba di la vuelta y me alejé unos pasos de él con la idea de emprender el camino de vuelta.

—No sé quién eres pero ahora he de regresar. Se hace tarde y el descenso será largo.

—Antes de irte, mira la nieve bajo tus pies. —Bajé la vista y un escalofrío recorrió mi espalda como una descarga eléctrica.

—No hay huellas —corroboré.

—No hay peso.

Tardé unos minutos en reaccionar, en comprender que no sentía dolor, ni fatiga, ni frío. Me senté sobre la nieve y comencé a llorar desconsoladamente. El anciano no se movió de donde estaba. Me miraba con una mezcla de ternura y desapego. Sus ojos eran claros y tenían un brillo que no había visto nunca en otras personas, una distancia reflejada en su hondura.

—¿Quién eres?

—Para que puedas entenderlo, soy este lugar en este momento.

—¿Dios?

—No, desconozco qué hay en la eternidad, pero no soy Dios.

—¿Entonces?

—A veces encuentras en tu memoria la mejor manera de dar forma a la muerte. En tu caso me viste hace dos días, sentado a la puerta de una pequeña casa de adobe. Me saludaste sin detenerte.

—¿Y por qué tú?

—Es más fácil así, más fácil despedirse de mí que de alguien amado.

En ese momento acudieron a mi recuerdo todas aquellas personas que daban forma a mi vida y a las que no volvería a ver: mi mujer, con la que llevaba casado quince maravillosos años, o mis dos hijos, mi hermana y mis muchos amigos de montañismo. Comprendí enseguida lo que me decía el anciano, esa tibieza en su manera de anunciarme que ya no habría regreso, que mi edad había llegado hasta ese instante. Aún pasaron unos minutos de desconcierto, perdido en un paisaje de colores cada vez más opacos mientras la luz caía tras el perfil de la Naturaleza.

–Bueno, ¿y ahora qué? –le pregunté incorporándome de nuevo.

–Tu cuerpo yace en un glaciar a unos cinco mil metros de altura.

–¿Lo recuperarán?

–Es muy difícil. Tras resbalar unos metros caíste en una grieta. Ya eres parte de la montaña.

–No deja de ser un bello destino para un alpinista.

–Cierto.

–Un sedimento.

–Este resto de conciencia se irá apagando poco a poco como si lentamente anochecieras. Y luego la incógnita.

Cerré los ojos y respiré profundamente, el aliento ya no me traía aromas de hielo ni de altitud. Era más parecido a un vendaval que me atravesara por dentro, una profundidad que hinchaba mi cuerpo con fuerza. La oscuridad se fue haciendo cada vez más dolorosa, pude ir notando progresivamente los impactos y las fracturas de la caída hasta que el dolor me devolvió de nuevo al lugar donde yacía tras despeñarme. Abrí los ojos y noté a un miembro del equipo de rescate haciéndome el boca a boca mientras otro me practicaba masaje cardíaco sobre el pecho, a la vez que el sonido de un helicóptero se acercaba hacia nosotros. Más allá estaba la cumbre que jamás logré, dibujada sobre el azul de un cielo que casi había anochecido.

Pasé un duro mes en el hospital. El cuadro que presentaba era prácticamente incompatible con la vida pero, de *alguna manera, había logrado sobrevivir a aquel accidente. Pronto llegó mi familia, que me acompañó en todo momento durante la recuperación. Cuando me dieron el alta quise hacer una última cosa antes de volver a casa. Mi mujer comprendió que debía ir solo y se despidió de mí con enorme preocupación.*

—Estaré bien —le dije.

—No deberías viajar solo.

—Tengo que ver a alguien. Volveré en un par de días.

Alquilé un coche y viajé de nuevo a los pies de aquel macizo que casi me mató. Pude conseguir un caballo que me llevó por los senderos que ascendían a través de las laderas rocosas de las primeras lomas. Horas más tarde llegué a una aldea de casas desperdigadas entre las que pastaban rebaños de yaks. Busqué la casa del anciano y le vi sentado en el mismo lugar donde le había saludado la otra vez. Me miró sorprendido mientras yo no podía evitar el llanto. Él no comprendía qué hacía aquel occidental frente a él dándole las gracias. Se levantó y me invitó a entrar en su casa, cogiéndome dulcemente del brazo, como dos viejos amigos que se vuelven a encontrar.

El mar enseña con caricias y mortajas, su presencia está escrita en nuestro paladar como un fondo marino que todos llevamos impreso. Cuando la tormenta agita sus aguas la vida se sumerge, busca dejarse llevar por la corriente, mar de fondo donde aguarda la solución y el entendimiento. Porque en la superficie todo es oleaje y aguas turbias. Dicen que soñar con un mar agitado significa conflictos emocionales, crisis y enfermedad, y que cuando sueñas que estás buceando el inconsciente te está revelando su necesidad de introspección, de conocimiento interior y serenidad. Carl Gustav Jung diferenció las cuatro funciones de la conciencia que todos poseemos y usamos en diferentes proporciones:

- Pensamiento: Usamos la lógica y el razonamiento para intentar comprender el mundo y adaptarnos a sus circunstancias
- Sensación: Captamos la información a través de los sentidos creando una reacción de aceptación o rechazo
- Intuición: Más inconsciente, no necesita un proceso deductivo para captar la información
- Sentimiento: Crea una respuesta emocional al estímulo exterior que nos condiciona

Cuando buceo, las cuatro funciones se sincronizan de un modo ordenado y cada día una lidera la forma en que percibo la profundidad. No sólo dependemos de nuestra predisposición personal sino que existe una autoría, una capacidad interior para crear estados mentales y sostenerlos. Dedico mucho tiempo a observar mi forma de ser y estar en lo que me rodea; es una forma porosa de sentir, una tenencia en la que no siempre reparamos por el ruido constante que soportamos a diario. Y en ese itinerario de emociones uno encuentra lugares que no le complacen y se acerca a ellos renegando de su autenticidad, como si las propias circunstancias le hubieran obligado a ser así y eso le disculpara. Es el encuentro con la sombra de la que hablaba Jung, con esa parte inconsciente de la personalidad que ejerce una gran fuerza sobre nosotros. En ella se esconde la parte más oscura de nuestro ser. «Es trágico ver con frecuencia cómo un hombre bulliciosamente estropea su propia vida y las de otros y sigue aún completamente incapaz de ver cuánto de la totalidad de su tragedia se origina en él mismo, y cómo continuamente la alimenta y la mantiene viva. No conscientemente, por supuesto (aún así, conscientemente se compromete en lamentar y maldecir a un mundo infiel del cual se aleja cada vez más). Más bien, es un factor inconsciente el que teje las ilusiones que disfraza su mundo. Y lo que está tejiéndose es un capullo que al final lo envolverá completamente», afirma el autor. Proyectamos en otros lo que no nos gusta de nosotros mismos, lo que rechazamos y nos violenta cuando lo vemos en los demás. «Percibir la sombra es como mirarse en un espejo que nos muestra los recovecos de nuestro inconsciente personal y, por lo tanto, aceptar la sombra es aceptar el ser inferior que habita en nuestro interior». Es una confrontación con nosotros mismos, con la creación menos afín a nuestra imagen y que nos duele asumir. ¿Somos capaces de transformar toda esa energía en creatividad? ¿Podemos cambiar ese dominio de lo negativo por la realización personal y la construcción de un nuevo hombre liberado de culpa? Solemos convertirnos en duros profesores mucho antes de iniciar esa búsqueda interior de autoconocimiento. Es necesario liberarse del enemigo creado durante tanto tiempo, de un modo intrínseco, como siguiendo las directrices de una mayoría a la que acabamos pareciéndonos. «La sombra describe la parte de la psique que un individuo preferiría no tener presente. Contiene las partes negadas del yo. Debido a que el yo contiene tales aspectos, éstos emergen de una u otra forma», dice Jung.

La Naturaleza posee ese atributo sanador cuando nos adentramos en ella. Absorbe las preguntas que realizamos con nuestra mera presencia y sus respuestas son implacables, perfectas, a veces tan exactas que conmueven. En ese bucear en el que mi sombra se sumerge conmigo y se muestra desnuda encuentro la semejanza con lo que me envuelve y siento que mi valor es el mismo que el de un erizo o un coral. Tal vez haya sido ése el mayor descubrimiento que he logrado nunca en mi relación con el mar: la certeza de ser como un pequeño trozo de plancton nadando en una gota de agua. Nada más.

Misterios

En el año 1994 tuve la oportunidad de viajar a Tailandia. Era la primera vez que visitaba Asia y no tenía ni idea de lo que me encontraría. Bajé hasta las islas Phi Phi, situadas al sur de Phuket, en un ferri repleto de turistas alemanes y japoneses que llenaban la cubierta. Tardamos un par de horas en cruzar un mar azul salpicado de pequeños islotes de roca. El paisaje era tan bello que apenas lograba creer que yo pudiera estar allí contemplándolo, apoyado en una barandilla mientras el sol creaba reflejos sobre la superficie del agua. Detrás de mí, el resto de turistas bebían cerveza y escuchaban música distorsionada en mitad de aquel lugar maravilloso. Al desembarcar en Koh Phi Phi Don todos se dirigieron a la playa principal donde una empresa ofrecía paseos en paracaídas tirado por una lancha. La cola que se formó en un minuto era muy larga. Me alejé unos metros y busqué a algún pescador de la zona que quisiera acercarme a un lugar más tranquilo. Hablé con un hombre joven que descansaba en su barca y me dijo en un rudimentario inglés que me llevaría a un sitio que no olvidaría. Regateamos el precio y subí a bordo. En pocos minutos estaba en una pequeña playa desierta donde la selva llegaba hasta la arena y se podía ver a los monos saltando de rama en rama. Quedamos en que volvería a por mí dos horas más tarde y desapareció. Miré alrededor y busqué la forma de pertenecer a aquel paraíso tan poco acostumbrado a la presencia de los hombres. Después me dirigí al agua y empecé a bucear en un mar transparente y cálido. Los corales cerebro plagaban el fondo y un pez león deambulaba tranquilo entre ellos. Pasé aquellas dos horas de mi vida en la más absoluta felicidad y recuerdo sonreír como un niño a las cosas que veía a mi alrededor. En 1756 el filósofo irlandés Edmund Burke escribió: «La belleza es, en su mayor parte, una cierta cualidad de los cuerpos que actúa mecánicamente sobre la mente humana por la intervención de los sentidos». Yo aún no lo sabía pero, en ese mismo momento, se estaba desarrollando en Londres una disciplina llamada Neuroestética que estudia la actividad cerebral cuando percibimos la belleza. Semir Zeki, neurocientífico de la Univertisty College of London, comenzó a estudiar las bases neuronales de la apreciación de aquello que consideramos hermoso y encontró indicios de que apreciar lo bello pudo favorecer nuestra supervivencia como especie, acaso porque asociamos lo que nos resulta placentero con algo benigno y lo que no con algo nocivo y peligroso. En el año 2003 Zeki realizó un estudio con varios voluntarios universitarios sin experiencia alguna en el campo de las artes, a los que mostró 300 pinturas que tenían que calificar como bellas, neutrales o feas. Tras hacerlo, volvieron a contemplarlas mientras un equipo de resonancia magnética medía su actividad cerebral. En todos los casos se activaban las áreas orbitofrontal y motora de la corteza prefontral pero, cuando asistían a una de esas imágenes que habían considerado como «bella», aumentaba la actividad neuronal en la corteza orbitofrontral. En el caso contrario, cuando la imagen era considerada «fea», se activaba la amígdala, región relacionada con el miedo, y la corteza motora. Los resultados del experimento fueron publicados en el año 2004 en la revista *Journal of Neurophysiology* en el que, por primera vez, se localizaban las zonas del cerebro vinculadas a las reacciones emocionales de atracción o rechazo hacia algo concreto.

En el caso de los rostros, casi todas las culturas prefieren la simetría, los rasgos infantiles y las sonrisas. Según algunas teorías, esto pudo generar la creencia de ser indicadores de buena calidad genética y, por tanto, de una fuerte atracción. Pero, más allá de los mecanismos naturales de evolución, ¿podemos construir la belleza? ¿De qué depende que uno descubra rasgos atractivos en alguien y en otro no? El viernes 12 de enero de 2007 a las 07.51 h de la mañana, un violinista ataviado con unos vaqueros, una camiseta de manga larga y una gorra de beisbol, comenzó a tocar en la estación *L'Enfant Plaza* del metro de Washington pegado a una pared junto a una papelera. Primero interpretó *La Chacona* de la *Partita número 2 en Re menor* de Bach, siguió con el *Ave María* de Schubert, la *Estrellita* de Manuel Ponce, una pieza de Massenet y de nuevo Bach. Tres minutos y 63 personas después de iniciar su actuación, un hombre de mediana edad dirigió su mirada hacia el músico. A los 43 minutos habían pasado ante él 1070 personas y sólo 27 le habían dado algo de dinero, sumando un total de 32 dólares. Sólo 7 personas se detuvieron ante él; un chico de 30 años llamado John David Mortensen, funcionario del Departamento de Energía, estuvo 6 minutos de pie escuchando la música: «Fuera lo que fuera me hacía sentir en paz», dijo después. Aunque no le reconoció, aquel músico era Joshua Bell, uno de los violinistas más importantes de su generación que tres días antes había llenado el Boston Symphony Hall con todas las localidades vendidas a un precio medio de 100 dólares. En sus manos tenía un Stradivarius de 1713 valorado en 3,5 millones de dólares. El Washington Post había ideado este experimento para observar la reacción de la gente ante la excelencia musical en un contexto banal e inapropiado, experimento que publicaría después en su suplemento dominical. «No está mal, casi 40 dólares la hora; podría vivir de esto y no tendría que pagarle a mi agente», declaró el músico con humor al recaudar el dinero de la funda.

Aunque el experimento no fue puramente científico pues su metodología no podía recoger resultados definitivos, sí muestra resultados viables sobre la capacidad de percibir la belleza y los contextos sociales vinculados a ello. ¿Está la belleza condicionada? Mientras buceaba en esa profundidad de formas y reflejos en Tailandia cada cosa era algo en sí misma, no existía la repetición ni una única manera de mirarla. El conocimiento de un sencillo coral o de las algas movidas por la corriente aportaban la verdad que necesitaba. Ese contorno en el que alguien nos dice si algo merece ser catalogado como bello o no está muy lejos de mí. Tal vez la bolsa de plástico bailando con el viento en aquella película[1] haya viajado por el mundo pasando desapercibida para muchas miradas. Sentir, sentir cada pequeño detalle sin depender de lo que otros puedan sentir hacia ello.

En otro experimento realizado por la Standford University y el California Institute of Technology 20 voluntarios debían catar varios vinos de diferentes precios mientras se analizaba su respuesta neuronal con una resonancia magnética. Cuando se les decía que el vino era caro se activaba con mucha mayor intensidad la corteza orbitofrontal que cuando se les decía que era barato (aunque fuera el mismo vino con diferente etiqueta). Es más fácil activar la emoción estética ante aquello que ya sabemos que tiene un valor muy elevado ya que, para el cerebro, la recompensa económica y la artística coinciden invariablemente en la misma región de la corteza.

Decía Krishnamurti sobre la belleza: «Tiene que agudizar los sentidos mirando, tocando, observando, escuchando no sólo a los pájaros, el murmullo de las hojas, sino también las palabras que usted mismo usa, su sentimiento –por pequeño y mezquino que sea– en relación con todas las secre-

---

1   *American Beauty*, Sam Mendes 1999.

tas intimaciones de su propia mente. Escúchelas y no las reprima, no las controle ni trate de sublimarlas. Sólo escúchelas. La sensibilidad a los sentidos no implica complacerse en ellos, no significa ceder a los impulsos ni resistirlos, sino sólo observarlos de modo que la mente esté siempre alerta, como cuando uno camina sobre la vía del ferrocarril; puede que pierda el equilibrio, pero regresa de inmediato sobre el riel. De ese modo, todo el organismo se ajusta, se vuelve activo, sensible, inteligente, equilibrado... lo que resulta más difícil es liberar la mente de sus hábitos mecánicos de pensamiento, sentimiento y acción, a los que ha sido empujada por las circunstancias, por la esposa, por los hijos, por el trabajo. La mente misma ha perdido su elasticidad. Se le escapan las formas más sutiles de la observación. Éstas significan vernos a nosotros mismos como realmente somos, sin querer corregirnos ni cambiar lo que vemos ni escapar de ello, tan sólo vernos como somos realmente, de modo que la mente no vuelva a caer en otra serie de hábitos. Cuando una mente así mira una flor o el color de un vestido o una hoja muerta cayendo de un árbol, es entonces capaz de ver vívidamente el movimiento de esa hoja mientras cae y el color de esa flor. De modo que, tanto en lo externo como en lo interno, la mente se vuelve intensamente activa, dúctil, alerta; hay una sensibilidad que la torna inteligente. Sensibilidad, inteligencia y libertad en la acción son la belleza del vivir».

La mirada interior que provoca el buceo en apnea, la capacidad de introspección e intimidad, libera de las ataduras y proporciona la experiencia sensible de ser quien uno es. Todo se enciende, todo tiene una presencia y un espíritu, no un significado.

One ocean, one breath

Eusebio y Christina Sáenz de Santamaría son un matrimonio asentado en la pequeña isla tropical de Koh Tao, en Tailandia, donde entrenan e imparten cursos cuando no están viajando por el mundo. Crearon una empresa llamada *One Ocean One Breath* a través de la cual realizan video y fotografía submarina en buceo a pulmón. Los dos ostentan varios récords de apnea y han trabajado para medios tan prestigiosos como National Geographic, Discovery Channel o Geo. Uno de sus trabajos más impactantes y famosos fue con tiburones tigre, una especie que puede alcanzar los 5 metros de longitud y cuyo nombre hace referencia a las rayas verticales que decoran su cuerpo. Su manera de trabajar es tan poética como el entorno que filman; el buceador es parte de la fotografía y se integra en la Naturaleza que expone. Esa pertenencia al azul y a las formas ha creado verdaderos cuadros submarinos.

«El buceo libre nos permite explorar muchos lugares únicos que descansan bajo la superficie del mar alrededor del mundo, lugares que pasarían inadvertidos porque no son fáciles de ver por estar escondidos bajo capas de agua, en el borde de un acantilado, en la orilla de una playa muchas veces de difícil acceso. Ésta es una de las razones por las que amamos compartir nuestro trabajo de vídeo y fotografía, para que la gente tenga la oportunidad de ver la magia que descansa en el otro mundo surreal de nuestros océanos».

El respeto con que muestran los rostros del mar les ha llevado a ganar este año el concurso de PDN *The shot*, en la categoría *In the water*. En la foto se puede ver a Christina buceando boca arriba en aguas de Ibiza sobre un lecho de posidonias. La luz cenital ilumina su cuerpo delgado y atlético mientras se impulsa con unas enormes aletas negras. Tras ella, el azul del océano y una sensación de silencio e intimidad.

La imagen que tenemos de nosotros mismos puede cambiar dependiendo de nuestro estado anímico y del entorno que nos rodea. Conocerse mejor incrementa la capacidad para reconocer rasgos positivos y agradables y otros que no tenemos tan integrados. Cada rol que aceptamos en la vida lleva emparejado una visión personal ante los demás: padre, compañero de trabajo, viajero o joven poeta. A veces esa percepción personal nos hace vulnerables a su ruptura, vulnerables a la fisura que se puede crear cuando existe un rechazo. Pero el conocimiento interior nos conduce a la aceptación de la realidad en la que vivimos y sólo lograremos esa certeza de nosotros parando un instante el ritmo que nos imponemos, descubriendo qué hay tras la soledad de nuestra existencia. Cuando veo esa foto no puedo dejar de pensar en la forma en la que vivo, las decisiones que tomo y que me condicionan, en el valor que le doy a la tarea diaria de proseguir, en mi trabajo, en mi salud, en la presencia de lo no realizado hasta hoy, en mi océano de vida. Escribía el gran maestro Zen Taisen Deshimaru: «La acción natural es inconsciente y perfectamente hermosa». La autoestima, que es el aprecio o consideración que uno tiene de sí mismo, está muy condicionada por esa estructura propia que hemos creado alrededor de nuestra raíz. La visión interior no sólo puede medirse por el reflejo que creamos en la sociedad que nos rodea, sino que ha de nacer de una identidad personal en la que no nos sentimos ni superiores ni inferiores a los demás. No se necesita una comparación para conocerse.

Viñas

La entraña arqueada por el tiempo
se vence lentamente sobre su duración,
como si no quisiera alejarse demasiado
de la raíz que la sostiene.
Madera trenzada que asciende
en silencio sobre ese paladar ocre
de presencias alineadas,
casi ignorando la necesidad de ser
un lugar en la tierra,
una hondura donde la semilla
encontró su forma y su diferencia.

El hombre que camina por las viñas
observa los troncos ya ancianos
bajo las hojas que descansan
horizontales en lo elevado,
ese firmamento orgánico que verdea
protegiendo el recogimiento
de los racimos de luz atrapada,
en los que se esconde
la gestación del sabor
en la intimidad de sus vientres.
La soledad es la primera versión
del ser humano,
su trascendencia ante la vida.
Y mientras dura ese habitar
en el que estamos,
mientras nos adentramos
en la biografía que da relieve
a los hechos que forman
y pueblan nuestra memoria,
el vino todavía inmediato

aguarda en penumbra
la incógnita de su existencia,
la incertidumbre de esa edad
líquida y refugiada siempre
en grandes cunas de roble,
pues lo que va muriendo
con el tiempo
es la forma de ti ya lograda,
la soldadura de uno
con su mundo.

Hasta que finalmente
el hombre contempla
la botella a contraluz
como si observara la conciencia
de un océano,
tratando de entender entonces
si ese color que ahora percibe
es propio del tiempo o de la tierra,
y si crearse del todo
es un acto de duración
o de profundidad.

La mayoría de las veces se relaciona la autoestima con nuestro aspecto físico, con la apariencia de la que disponemos para relacionarnos con los demás. En una sociedad representada por los valores externos, por lo visual, por lo que se puede medir y comparar, podemos aplicar lo que se denominó «la teoría de las ventanas rotas». En 1969, Philip Zimbardo, un psicólogo de la Universidad de Stanford, llevó a cabo un experimento sobre las conductas inmorales y delictivas de los seres humanos. Abandonó un coche en el Bronx de New York con las matrículas arrancadas y las puertas abiertas. A los 10 minutos el coche empezó a ser desvalijado, robaron todos sus componentes y, tan sólo tres días después, no quedaba nada de valor y fue completamente destrozado. Hizo lo mismo en un barrio de clase alta, Palo Alto, en California. Durante una semana el coche pasó desapercibido para sus habitantes. El psicólogo decidió intervenir y golpeó el coche con un martillo provocando abolladuras y rompiendo una de las ventanas. El coche mostró entonces signos evidentes de abandono. Al igual que había ocurrido en el barrio del Bronx, el vehículo terminó destrozado a los pocos días. Esto dio lugar a «la teoría de las ventanas rotas» elaborada por James Wilson y George Kelling: si un edificio muestra una ventana rota y no se arregla, el resto de las ventanas terminarán igual porque está enviando un mensaje de abandono y falta de cuidado. «Consideren un edificio con una ventana rota. Si la ventana no se repara, los vándalos tenderán a romper unas cuantas más. Finalmente, quizás hasta irrumpan en el edificio y, si está abandonado, es posible que lo ocupen y prendan fuego dentro. O consideren una acera o una banqueta: se acumula algo de basura; pronto, más basura se va acumulando; con el tiempo, la gente acabará dejando bolsas de basura de restaurantes de comida rápida o hasta asaltando coches».

Si nos aplicamos estos mismos parámetros, todos podríamos descubrir ventanas rotas en nuestra conducta, aspectos formales de la personalidad que imprimen en la mente un sentido alterado del ser. El rencor, el odio o la violencia son espacios que se pueblan rápidamente si no somos conscientes de su fuerza. ¿Cómo se puede lograr mayor sensibilidad en nuestra arquitectura emocional? Buscando y creando armonía en nosotros. Durante las clases de yoga siempre repito a mis alumnos que busquen la belleza de la postura, que sean sensibles a la simplicidad del gesto de una mano, a la forma extendida de un empeine. Y cuando habitamos espacios marinos es más fácil que el cuerpo se impregne de la unidad de la que pasa a formar parte, de la afinación de la mente con el agua.

Hablo con Eusebio por teléfono una calurosa tarde de julio. Está en Ibiza y pronto volverá a Tailandia para seguir con los cursos de apnea. Me encuentro con un enfoque físico de la práctica, una de toma de conciencia corporal con la que ha logrado hacer inmersiones de casi 5 minutos en buceos a 100 metros en inmersión libre, de 6 minutos a 70 metros y una marca de más de 8 minutos en apnea estática. No practica yoga ni meditación como la mayoría de los apneistas, pero su búsqueda de sensaciones le ha permitido lograr una comprensión total de esa práctica en el mundo submarino.

—¿Cómo te preparas física y mentalmente para bucear?

—A nivel físico no hago un entrenamiento intenso, es más una cuestión de mentalidad. He visto gente con una forma increíble y que luego son incapaces de bajar, simplemente porque se ponen nerviosos, y otros que no mostraban una preparación adecuada y que sin embargo aguantaban mucho más tiempo o descendían más. Para mí los límites en la apnea están bastante más lejanos y el acercamiento tiene que ser mental. En cada buceo tienes diferentes sensaciones, pero siempre debes buscar sentirte cómodo; si hay algo que no me gusta cuando estoy abajo me doy la vuelta y subo.

—¿Algo así como tomar conciencia de las sensaciones corporales y más tarde que te sirvan de experiencia?

—Exactamente. Que estés contento, que estés feliz de estar ahí, en ese momento, para mí es lo más importante. Si te empiezas a poner presión, si empiezas a no disfrutar, puedes tener una respuesta física en el cuerpo que no te va a dejar hacerlo.

—¿Crees que hay beneficios en la práctica del buceo en apnea a nivel no profesional?

—Como cualquier otro deporte. En éste, en particular, desarrollas tu capacidad de respiración y aprendes a afrontar otro tipo de situaciones. Ten en cuenta que cuando estás abajo sin poder respirar sabes lo que te queda para llegar a la superficie y esa sensación no es comparable a ninguna otra cosa. Lo puedes equiparar a otros deportes durísimos, pero en ellos no estás privado de una necesidad vital como es la respiración. A nivel mental te puede ayudar bastante la capacidad que puedes llegar a adquirir de sufrimiento en un momento determinado. Los beneficios terapéuticos están vinculados al desarrollo de tu capacidad pulmonar o a cómo aprovechar mejor las respiraciones que realizas diariamente y a tener un poco más de conciencia.

–¿Cómo gestionas tus emociones cuando estás buceando con tiburones tigre?

–En ningún momento estuvimos en peligro; había bastante control de la situación, pero al principio sentías mucho respeto. Tomamos distancia hasta que descubrimos cómo nadaban, hacia qué sentían su curiosidad, a qué velocidad se movían, si hacían movimientos extraños... observando su actitud antes de acercarnos, de acercarnos mucho. A medida que iba pasando el tiempo e íbamos aprendiendo, que fue durante unas horas, fuimos cogiendo más confianza con los animales; ellos se van acostumbrando un poco más a ti y entonces empiezas a crear escenarios que te permitan hacer las fotografías o los vídeos. En ningún momento sentimos miedo; tal vez un poco de adrenalina porque es un animal grande y a veces te viene de frente, pero entonces ves que él está muy tranquilo, te transmite tranquilidad. En cambio, otro tipo de tiburones que estaban alrededor estaban más nerviosos, se movían más rápido y nos preocupaban más. Lo que tratas de hacer constantemente con un tiburón tigre es mantener un contacto visual; él es bastante tímido y, cuando nota que le estás mirando, te intenta esquivar.

–Eusebio, estamos hablando de un pez que mide 4 metros y medio, que tú estás sin respirar gestionando tu relajación y que, pase lo que pase, hay un momento en que tú tienes que empezar a subir lentamente (risas).

–Una vez que estás ahí dejas tus miedos a un lado y no te montas historias en la cabeza. Si vas con pensamientos preconcebidos de lo que va a suceder o de qué puede pasar, el tiburón notará tus movimientos. La manera de moverse debajo del agua es muy importante; tienes que estar muy calmado, muy pausado, no hacer gestos bruscos que puedan asustarles. Esa tranquilidad que tú puedes transmitir en un momento dado él la percibe y te corresponde con su tranquilidad. Sabe que no tiene nada que temer y nosotros tampoco de él. Si tú te mueves muy rápido, chapoteando y estresado, el tiburón lo percibirá y se desplazará rápido.

–¿Podrías compartir alguna anécdota importante de tu experiencia como apneista?

–Siempre me acuerdo de uno de los primeros días en los que buceaba. Era en Tailandia y estaba regresando de una inmersión no muy profunda. Había muchos buceadores con botella alrededor y yo me separé un poco de ellos. Estaba como a 15 metros de profundidad y de repente vi un marlín de unos 150 kilos a 4 o 5 metros. Siempre me acordaré porque es un animal muy difícil de ver si estás con botella. Apareció un grupo de buceadores muy cerca y él desapareció al instante. Ése fue el momento en que me di cuenta de que las cosas más especiales que iba a ver debajo del agua y con las que podría interactuar más sería buceando en apnea. Fue un momento especial.

–¿Qué planes tenéis a corto plazo Christina y tú?

–Competiciones no hacemos muchas y no es nuestra prioridad. Para nosotros es más importante interactuar a nivel acuático con animales. Ahora estamos en el Mediterráneo y la verdad es que no hay muchos peces. Seguramente hagamos un viaje a la isla de Cocos a final de año y podremos sacar un buen carrete de eso. Y a nivel de récords veremos cómo estamos el año que viene e igual hacemos algo en *No Limits*. Para eso tenemos que tener la motivación personal; no es por el afán de batir un récord sino por la experiencia de bajar juntos, por compartir ese buceo con alguien que quieres. Christina empezó a hacer apnea conmigo y siempre hacemos los entrenamientos juntos. Los dos siempre estamos preparados para cualquier eventualidad que se produzca.

–¿Qué sientes cuando estás ahí abajo?

–Si te digo la verdad no es una cuestión de profundidad. Cuando haces tu marca personal te supone un momento de superación pero, independientemente de los metros a los que bajes, siempre tienes una sensación de soledad y satisfacción; estás en tu mundo, en silencio, no se oye nada y llegas a una relajación total. Estás solo, nadie absolutamente te puede sacar de esa situación más que tú mismo. No hay nada más.

–Tu relación con el mundo de la apnea es muy física, muy corporal, muy de piel...

–Para mí la apnea es algo que me ha permitido conocer a muchísima gente, que me ha permitido ver que la limitación nos la ponemos nosotros a nivel mental. He visto a mucha gente superarse con un poco de atención, de cariño y de diversión. Con el planteamiento adecuado se hacen cosas para las que mentalmente no estabas preparado 24 horas antes. Eso es lo que me ha enseñado la apnea. Para llegar a ciertas marcas y a ciertas metas necesitas una preparación pero, para otras distancias, todos lo llevamos dentro, lo que pasa es que no lo sabemos. Preparas el día cuando saltas al agua, cuando ves cómo estás realmente. Muchas veces lo haces todo bien, has comido, has dormido, y cuando te metes te encuentras fatal. ¿Qué me pasa hoy si he hecho todo bien? E intentas empujar algo que no está ahí ese día. Y otros días que no te has preparado tanto te encuentras maravillosamente en el agua. Hasta que no estoy ahí no sé muy bien lo que quiero hacer ese día.

—¿Algún consejo a los que buceamos a otro nivel?

—Para mí lo más importante es no ponerse una meta ni fijarse en lo que aguanta el otro. Superarse a uno mismo pero siempre disfrutando. Mi consejo es que, independientemente del tiempo que estés, que lo disfrutes porque no tiene ningún sentido estar 20 segundos más debajo del agua si no lo estás disfrutando. Así estarás adquiriendo unas sensaciones que te provocarán rechazo a volver a realizarlo, un hábito de rechazo por esos 20 segundos. Y la próxima vez que lo intentes estarás pensando desde el principio en esa sensación incómoda y eso no te permitirá disfrutar de los primeros segundos, que es cuando mejor estás. Siempre que empujes que sea por una razón que te permita sentirte a gusto, y que cuando salgas del agua digas: «qué bien me encuentro», y quieras volver a hacerlo. No sufrir. Hay que tener en cuenta el tiempo de descanso en la superficie, la manera de respirar durante la espera, cómo enfocas el buceo, no preocuparte para nada del tiempo, hacerlo siempre con compañía.

Me despido de Eusebio conmovido por todo lo que me ha contado. Le mando un abrazo. Ojalá podamos encontrarnos algún día en un fondo marino y, simplemente, bucear.

II. Soledad y sociedad

Realidad social

En 1967, un estudiante de secundaria del Cubberley High School en Palo Alto (California) llamado Steve Conigio formuló una pregunta a su profesor de Historia, Ron Jones: «¿Cómo pudo el pueblo alemán, los ciudadanos de a pie, alegar ignorancia sobre lo que estaba pasando con los judíos?» Ante la imposibilidad de explicar a sus alumnos por qué los alemanes no se rebelaron contra un sistema que exterminó a millones de personas, diseñó un experimento sociológico conocido como «la tercera ola» cuyo lema fue: «fuerza mediante la disciplina, fuerza mediante la comunidad, fuerza mediante la acción, fuerza mediante el orgullo». El objetivo del profesor Jones era demostrar a sus alumnos, sin que ellos lo supieran, cómo en una semana de clases se podía transformar una sociedad libre en un régimen totalitarista.

Día 1: Fuerza mediante la disciplina

A través de la persuasión, el profesor trató de inculcar los beneficios de la disciplina y enseñarles cómo todo comienza con las pequeñas cosas, las rutinas diarias. A partir de ese día tendrían que sentarse correctamente, con los pies apoyados en el suelo, muy erguidos y las palmas de las manos sobre la mesa. Todos debían hacer los mismos movimientos para sentarse y levantarse y él les cronometraría. Luego les hizo formar fuera de la clase y que entraran ordenadamente para sentarse en su sitio en completo silencio. Todos lo hicieron a la perfección, todos parecían responder así al autoritarismo. Después introdujo nuevas reglas: los alumnos tenían que comenzar sus frases con las palabras «Mr. Jones», tanto si preguntaban como si respondían; debían hacerlo levantándose de sus sitios y dando un paso a un lado. El profesor comprobó cómo los alumnos más pasivos se iban mostrando más participativos. Quien no cumplía con las reglas era sancionado y debía repetir los nuevos parámetros hasta asimilarlos. Al poco tiempo, todos en la clase se comportaban de manera automática, ya no había pensamiento individual.

Día 2: Fuerza mediante la comunidad

Cuando el profesor entró en clase al día siguiente se encontró a todo el grupo en silencio y completamente ordenado. Esa jornada les habló sobre el sentido de la pertenencia, la importancia de apoyarse en los demás miembros del grupo para lograr un objetivo común y cómo era necesario crear un símbolo que los representara. Eligieron una ola por tener dirección, empuje e impacto. Además, se inventó un saludo con el brazo parecido al utilizado por los nazis y hasta el rector comenzó a practicarlo. Al terminar, hizo levantar a toda la clase y gritaron juntos las consignas aprendidas, realizaron el nuevo saludo y, como deberes, les pidió que diseñaran una bandera con el símbolo de la ola para que ondeara en la clase al día siguiente. Otros estudiantes se enteraron de este nuevo colectivo y pidieron ser admitidos.

Día 3: Fuerza mediante la acción

Ron Jones creó unos carnets de membresía para todos los que formaran parte del nuevo movimiento y diseñó un rito de iniciación para aquellos que quisieran pasar a formar parte del grupo y al que estaban obligados a jurar fidelidad y a no infringir las normas. El propietario de un carnet marcado con una cruz roja estaba autorizado a recriminar a quienes no las acataran. Hubo alumnos que criticaron el nuevo movimiento y algunos de sus miembros tomaron represalias violentas contra ellos. Al finalizar el tercer día más de 200 alumnos se habían unido a «La Ola». El número crecía exponencialmente y el profesor comenzó a sentir que el experimento se le iba de las manos. Comprobó que los alumnos más brillantes daban muestras de pasividad y confusión, y los que hasta entonces presentaban una actitud menos grupal y estaban aislados, se integraban en el nuevo orden social.

Día 4: Fuerza mediante el orgullo

Al día siguiente, un grupo de 80 alumnos aguardaba la llegada del profesor Jones en el aula, que había pasado a ser «el cuartel general». Él aprovechó la intensidad de ese momento, con todos los alumnos en silencio esperando nuevas directrices, para elevar el experimento más allá de las paredes de la escuela. Creó un ambiente de misteriosa relevancia corriendo las cortinas y cerrando la puerta con llave. Luego les habló de la necesidad de cambiar el país y el mundo, no sólo una clase de un colegio de California. Les mintió asegurándoles que en muchas escuelas se estaba impulsando la misma iniciativa y que ya había miles de jóvenes como ellos que representaban el verdadero orgullo nacional. Le creyeron. Les aseguró que al día siguiente comparecería el líder nacional en un acto que se celebraría en el gimnasio, donde se instalarían pantallas de televisión. Los alumnos decidieron vestir de la misma manera, llevar banderas y brazaletes, además de poner un puesto de reclutamiento en la puerta.

Final

El gimnasio estaba repleto de alumnos eufóricos vestidos de idéntica manera mostrando el símbolo de «La Ola» en sus banderas y brazaletes. Realizaron el saludo cuando el profesor subió al escenario y gritaron las consignas del grupo. Las luces se apagaron y se encendió el televisor donde el líder nacional debía anunciar su esperado mensaje. Pero nadie ocupó aquella pantalla. Durante varios minutos aguardaron impacientes sin que nada ocurriera. Entonces, el profesor les contó la verdad, aquello que ninguno de los que estaban allí deseaba escuchar pero que se convertiría en un mensaje de vital importancia para sus vidas:

«¡No hay ningún líder! No existe ningún movimiento juvenil nacional llamado 'La Ola'. Habéis sido utilizados. Manipulados. Nadie os obligó a hacer lo que habéis hecho. No sois mejores ni peores que los ciudadanos de la Alemania nazi que hemos estado estudiando. Habéis cambiado vuestra libertad por la comodidad de la disciplina y la superioridad. Elegisteis aceptar la voluntad del grupo y su gran mentira, olvidándoos de vuestras propias convicciones. Al principio os lo tomasteis como un juego; después pensasteis que podríais abandonar cuando quisieseis, pero aquí estáis y ya es demasiado tarde. Os voy a enseñar vuestro futuro».

Luego proyectó un documental con el desfile de Nuremberg de 1936 e imágenes sobrecogedoras de los campos de exterminio, jóvenes como ellos vestidos con uniformes parecidos y brazaletes con la esvástica, cadáveres apilados... La imagen se detuvo en una frase: «Todos deben aceptar la culpa. Nadie puede pretender no haber participado en alguna medida» que todos leyeron en un silencio desgarrador.

«A través de la experiencia de la última semana todos hemos podido comprobar lo que era vivir y actuar en la Alemania nazi. Hemos podido experimentar las sensaciones que se tienen al crear un entorno social disciplinado. Para construir una sociedad especial. Jurar lealtad a la sociedad. Reemplazar la razón por reglas. Sí, todos nos hemos convertido en buenos alemanes. Nos hubieran puesto el uniforme. Hubierais convertido a vuestros amigos y vecinos en indeseables, y después los hubierais perseguido... Hemos visto que el fascismo no es algo ajeno. No, está aquí. En esta sala. En nuestros propios hábitos personales y estilo de vida. Rascad en la superficie y saldrá a flote... Ésta es la lección final. Ésta última lección es quizás la más importante de todas. ¿Os acordáis de la pregunta? Si no recuerdo mal, fue algo así: '¿Cómo pudo el soldado alemán, el maestro, el conductor de ferrocarril, una enfermera, el recaudador de impuestos, el ciudadano medio, alegar que, cuando finalizó el Tercer Reich, no sabían nada de lo que estaba pasando? ¿Cómo pudo un pueblo ser parte de algo y luego cuando todo hubo acabado decir que ellos no habían estado involucrados? ¿Cuáles pudieron ser las causas para que no recordaran su propia Historia?' Si la mentalidad fascista arraiga, nunca haréis caso a vuestros amigos y familiares cuando os digan que estáis renunciando a vuestra libertad individual por órdenes dictatoriales y líderes que jamás habéis visto. No admitiréis que estáis siendo manipulados. Ni que os habéis convertido en seguidores. Aceptasteis 'La Ola' como una forma de vida. Jamás os planteasteis si estaban bien o mal los acontecimientos que estaban sucediendo...»

Este experimento demostró qué fácil es convertir a la masa social en personas que no cuestionan sus actos, capaces de acatar las directrices de un líder aunque acaben con sus libertades personales. Lo individual, aquello a mitad de camino entre lo que somos y lo que vivimos, parece poseer una fragilidad que a veces no somos capaces de percibir.

Ángel Durán es médico en Córdoba. Siempre tuvo esa vocación y para él no fue fácil convertirse en uno. Tal vez por eso su visión de las cosas tiene la hondura de quien no ha podido ser clandestino de sí mismo, de quien ha tenido que conocerse a través de lo que le iba sucediendo, zancada a zancada, sin tiempo para decidir si era eso lo que realmente hubiera escogido. Nos conocemos desde niños y nos desconocemos desde adultos. Siempre recordaré su manera de encontrarse con el mar; su actitud corporal cambiaba de repente y su mirada se alejaba de él como si le abandonara. Luego entraba en el agua, se hacía un ovillo y permanecía con la cabeza hundida y el cuerpo mecido por las olas. Pasaban los segundos y él conseguía formar parte del océano. Siempre me gustó esa manera suya de desaparecer.

«Fue algo espontáneo, sin un motivo especial, probablemente como tantas cosas que surgen en la infancia, el hecho de poder aguantar tiempo debajo del agua, hacerte un largo, hacerte dos y darte cuenta de que hay algo que hace que puedas pasar de lo uno a lo otro. No es que nadara más rápido; es más, cuanto más rápido nadaba menos aguantaba, y pasé de ese primer juego a cronometrarme para saber cuánto podía aguantar y por qué. Y me di cuenta de que cuando olvidaba mi cuerpo, el mundo y otra serie de cosas, aguantaba mucho más. Ése fue el principio. A medida que iba desarrollándome y teniendo otro tipo de inquietudes me llamó mucho la atención el poder de la concentración, la meditación, el ser capaz de tener un nivel de introspección y separar de ti mismo tu entorno. Eso te hace ir a sitios a los que no puedes llegar con tu cuerpo ya que éste tiene unos límites y tu mente no. Para bien o para mal, tu mente está dentro de tu cuerpo y eso no es algo de lo que puedas prescindir; yo al menos no he tenido la oportunidad de hacerlo. Recuerdo ahora las experiencias de Lobsang Rampa y el viaje astral pero eso queda para unos pocos; yo, de momento, no encuentro billete para ello.

»La apnea fue una iniciación a la meditación, a ser capaz de viajar con la mente más allá. Esos ejercicios de piscina se trasladaron al mar y la Naturaleza siempre se encarga de situarte a ti; el contacto con algo tan grande siempre es una experiencia vital sobre todo porque relativiza toda tu vida. Te juntas con algo que lleva millones de años mientras tu vida va a ser un pestañeo. Nada. La apnea en el mar tiene una serie de implicaciones tremendas, a nivel filosófico, espiritual, emocional y psicológico, porque te aporta la posibilidad de establecer una relación del todo con las partes y de las partes con el todo. El mar es una inmensidad de pequeñas gotas y para mí es una manera de comprender la vida: en definitiva, somos portadores de vida con una duración limitada; la vida está ahí y se concreta en tu cuerpo. Y cuando practico apnea dejo de ser esa gota y paso a ser parte del mar. Flotando se va el tiempo y, aunque no he batido ningún récord mundial, he pasado de estar 1 minuto a estar 2 y no creo que algo así sea fácilmente explicable si no es a través de ese poder de concentración.

»La privación de los sentidos tiene un impacto muy grande sobre la mente, pero es muy útil para tener un nivel de conciencia más elevado. Tener los sentidos conectados supone prestar atención a muchas cosas y la apnea no es abordable si no estás en esa privación. Los momentos en los que el cuerpo te llama, llama a la mente pidiendo oxígeno; esos momentos de búsqueda para superar una dificultad también son útiles porque son trasladables al día a día; cuando tienes un conflicto todo aquello te ha servido para reconocer lo que te está pasando, poder controlarlo y buscar soluciones, en lugar de dejarte poseer por la angustia. Y como es una experiencia vital se queda grabada; no es algo que tengas que recordar, llega sólo en cuanto tengas que enfrentar a una situación similar. Hay una memoria emocional que te hace reaccionar. La verdad es que nunca sabes dónde vas a encontrar recursos como persona y con la apnea van sucediendo cosas. Como yo habrá mucha gente que habrá tenido la misma u otras experiencias».

Ángel habla despacio, como si transcribiera las palabras desde un lugar donde sólo él puede escucharlas, habla entre silencios con frases cargadas de él, con peso. Ha pasado la noche de guardia en urgencias pero no aparenta cansancio, sonríe y parece entusiasmado contándome su vivencia personal. Me interesa saber si ha tenido que aprender alguna técnica respiratoria pero lo niega enseguida.

«No. Lo hacía cuando el objetivo era hacer más largos, pero cuando descubrí que la gran diferencia estaba en la mente, dejé de hacerlo porque ya no me interesaba. Quería profundizar en lo otro pues era lo que realmente me inquietaba. En realidad consiste en saber cuánto tiempo puedes disfrutar. Y era esa postura, porque si intentas encontrar otra tienes que prestarle atención: la postura en extensión no es natural, lo que predomina es el tono flexor. Es la más cómoda, y si te suspendes en un líquido boca abajo y te dejas ir, el agua te lleva».

¿Cuál es la verdad de la condición humana? ¿Dónde está aquello que no se puede discutir? ¿Esas diferencias que nos distinguen y que son tan necesarias para la complejidad que somos como especie tienen un hilo común que en todos son lo mismo? En cada uno de los que practicamos apnea sí existe esa identidad y es la búsqueda del silencio interior, la conexión con los aspectos más profundos del individuo. Pero esa falta de humanidad en la sociedad actual me hace preguntarme qué me une a mí con el resto.

Recuerdo un fragmento del cuento de Borges titulado *El otro* en el que el propio autor ya anciano se encuentra consigo mismo aún joven. Hablan y tratan de entender ese extraño azar. En un momento del relato, el anciano le dice: «Sin hacerme caso, me aclaró que su libro cantaría a la fraternidad de todos los hombres. El poeta de nuestro tiempo no puede dar la espalda a su época. Me quedé pensando y le pregunté si verdaderamente se sentía hermano de todos. Por ejemplo, de todos los empresarios de pompas fúnebres, de todos los carteros, de todos los buzos, de todos los que viven en la acera de los números pares, de todos los afónicos...» La hermandad como especie no busca un bien común, acaso porque la sociedad hace tangibles nuestros deseos y los mercantiliza. Ángel sonríe ante la sustancialidad que está tomando la conversación.

«Ésa es la situación del mundo, no hay ningún sitio al que puedas ir, lo que hay que hacer es aquí y es para todos. El que hoy se está muriendo, mañana puedes ser tú o tu hija; el daño que estés haciendo a otro país puede volverse contra ti en 10 años y pasar a formar parte de la otra orilla. La vida se ha impregnado mucho de la inmediatez y la mortalidad y se ha despojado de la espiritualidad, englobando en ella la afectividad, la humanidad; de repente, tuvieron que surgir una serie de asociaciones, de organizaciones no gubernamentales, para recordarnos que somos seres humanos y que nos necesitamos unos a otros. La evolución ha empeorado, no porque haya avanzado mucho, sino porque los vicios que había en el ser humano se han potenciado y se han multiplicado. ¿Dónde está nuestra mejora? ¿Por qué somos mejores seres humanos que hace 2000 años? ¿Por qué un europeo es mejor que un hombre del Neanderthal?

»La capacidad de introspección, de adquirir otros niveles de conciencia me parece un gran paso de la evolución como ser humano, imprescindible para mejorar, no para tener más, no para ser más, no para desarrollar más el mundo. Necesitas poder estar a solas contigo mismo para darte cuenta de que existe ese camino. Y la apnea es un medio que te ofrece esa posibilidad».

Empresa

Hace muchos años trabajé en un proyecto donde tuve que cruzar el Atlántico en un enorme barco que servía como universidad flotante a adolescentes de diferentes nacionalidades. Yo estaba encargado de un grupo de 20 chicos que apenas habían viajado ni se habían separado de sus padres. La primera vez que nos vimos nos sentamos en corro y charlamos sobre qué nos gustaba, dónde vivíamos, qué deseábamos obtener de aquel viaje y cómo afectaría a nuestras vidas. Durante aquella travesía, además de atender repetidos cuadros de mareos, lidiar con un violento brote de varicela y convencer a los asustados alumnos de que la razón de que el barco escorara de aquella manera en el Caribe no se debía a una avería y que precisamente allí no había tiburones, comprendí que la navegación servía para coordinar a grupos amplios de personas para lograr un fin común. Es cierto que en tierra el trabajo de todos los monitores estaba muy sincronizado, pero en alta mar, en un lugar tan poco habituado a nuestra presencia, necesitábamos comprender el valor real de nuestras acciones individuales. Y sí, es verdad que el barco sufrió un percance al zarpar de Santo Domingo; perdió la línea de flotación y casi naufragamos. Algunos lo supimos más tarde, cuando regresamos a puerto y algunos miembros de la tripulación confesaron que se oyeron plegarias en la sala de máquinas. Por supuesto, los tiburones entonces hubieran supuesto un problema.

Con el tiempo conocí a José Alfredo López, un hombre de mi edad que descubrió su pasión por el mar muy lejos de él, en un pantano de la meseta donde navegó a vela por primera vez y descubrió la sensación de deslizarse por el agua. No sabía entonces que su pasión por los barcos le llevaría un día a montar una empresa llamada *Corporate Yatching&*

Partners, una compañía que fusiona una amplia experiencia directiva y náutica para ofrecer formación directiva y actividades para empresas y actividades para la familia.

En todo lo que hace para empresas, tanto en el ámbito de la formación como en el de eventos, incentivos o acciones comerciales no formativas, usa el barco como herramienta de trabajo. Para él y su equipo un barco es un centro de desarrollo y han conseguido unir el trabajo en él con el mundo de la empresa.

Existen otro tipo de naufragios vinculados al mundo empresarial que a veces requieren determinados programas en función de las circunstancias que les rodean; *Corporate Yatching* ha trabajado en procesos de fusiones de empresas, internacionalización de equipos con foco o búsqueda de nuevos mercados fuera de su contexto normal, programas de refuerzo a managers en esta etapa tan dura tanto económica como emocionalmente, con supervivientes de diversos acontecimientos como recortes, reestructuraciones, ERES... Y éste es un contenido humano en el que se puede bucear para reflotar a esas personas.

Uno de los conceptos más interesantes en el que se está trabajando es el de la *transversabilidad*, pues hay muchas organizaciones que están identificando la necesidad de cortar esos canales jerárquicos tan verticales y buscar un organigrama más horizontal. Hay muchos grandes grupos que tienen dentro de sí distintas ideas de negocio, muy sinérgicas entre sí, pero que no comparten recursos, con muchos departamentos que podría ser optimizados a través de la transversabilidad.

Cuando se analizan las necesidades de la organización se diseña un programa que se consensua con los responsables de la organización y se personaliza. Luego llegan los equipos al pantalán y comienzan a trabajar *in situ*. El trabajo en el barco es la máxima aportación de valor a esos programas. El primer acontecimiento emocional ocurre cuando los participantes descubren que han salido absolutamente de su zona de confort (oficina, corbata o secretaria), de todo lo que les envuelve a diario y que les hace sentir cómodos. Esto desaparece desde que pisan un muelle que se mueve. Es una respuesta automática que empieza a ahondar en ellos de manera invisible. Cuanto menos sepan de navegar mejor ya que se busca el elemento sorpresa, que es el desconocimiento absoluto del medio para que el alejamiento de la zona de confort sea más agresivo. A bordo, el trabajo que se desarrolla en un barco es una combinación de tareas y funciones que cada uno tiene que realizar conectadas con los contenidos que previamente se han analizado (liderazgo, gestión del cambio, capacidad de comunicación no verbal, empatía, etc.), no de manera convencional sino navegando.

¿Por qué esto funciona tan bien en un barco? Las tripulaciones, no solamente tienen la necesidad de realizar bien su trabajo, sino que también se genera la necesidad de que se haga en equipo, de una manera coordinada y complementaria. En un barco las grandes estrellas no funcionan. La evidencia de si el barco avanza o no adecuadamente requiere una corrección a lo que se está haciendo. Se aplican una serie de pruebas de destreza y de descubrimiento de recursos: cartografía, posicionamiento, avistamientos de referencias en costa…, con las que afloran las fortalezas, las áreas de mejora y todo lo que pueden dar de sí las personas si trabajan en conjunto.

«La navegación nocturna cambia el escenario y permite trabajar mejor los planos personales de la gente, los anclajes, las creencias limitadoras, creándose un ambiente distinto, un diálogo más profundo. Una de las cosas más bonitas que tiene mi trabajo es conseguir que la gente vea que el mundo personal y el profesional están mucho más cerca el uno del otro de lo que habitualmente creen, y metafóricamente el mar y lo que sucede en un barco, contienen un aprendizaje de retorno infinito», confiesa José Alfredo.

No he vuelto a saber nada más de aquellos 20 chicos con los que crucé el océano. De todos ellos recuerdo a un indígena mexicano llamado Héctor que llegó a España con unas simples alpargatas de esparto. Era retraído y muy tímido, apenas hablaba y con su actitud corporal se protegía del entorno. Antes de viajar a la costa tuvimos la oportunidad de visitar el Museo del Prado. Entonces se acercó a mí y, con un marcado acento, me dijo: «Cuando supieron que haría este viaje, mis padres me dijeron que lo más importante para mí sería visitar el Prado, que prestara atención a cada cuadro porque no sabían si podría volver alguna vez». Y me pidió poder entrar de nuevo al museo, con otros grupos, y aprovechar al máximo su estancia aquí. Deduje que procedía de una familia humilde cuyos miembros quizás no habían tenido la oportunidad de estudiar, habitantes de zonas rurales o pescadores. Me conmovió aquel gesto y su rostro de felicidad cuando terminamos, como si al fin hubiera comprendido la preocupación de sus padres ante aquella oportunidad única. En alguna ocasión le vi en cubierta con la mirada perdida en el agua y esa expresión de calma y agradecimiento.

El mar tiene la capacidad de transformar a las personas. David Cru tenía 29 años y trabajaba en la empresa TNT como comercial de grandes cuentas. El primer año se sintió muy vinculado al trabajo, el segundo comenzó a preguntarse si aquello era lo que realmente le apetecía hacer y el tercero tuvo que decidir si le hacían fijo o le despedían. Se dio cuenta de que lo que estaba haciendo no le llenaba y que podía seguir haciéndolo toda su vida. Había hecho un curso de buceo en la isla de Utila, en Honduras, y un día aquello se impuso como una necesidad que le llevó a dejarlo todo, mudarse a Mallorca y enseñar a otros en un centro durante la temporada de vacaciones. Luego viajó a Tenerife y siguió trabajando allí a tiempo completo. Antes de irse su jefa le quiso hacer una contraoferta para lograr que se quedara, pero él le dijo que no se iba a otra empresa sino a bucear. Ella le confesó que no tenía argumentos contra eso.

«Para mí la sensación que tienes debajo del agua buceando es lo más parecido que hay a volar, a meditar, un silencio total en el que sólo escuchas tu respiración y te olvidas de quién eres. Mi relación con el mar es como de enamoramiento desde hace mucho tiempo. Yo he veraneado desde pequeño en Las Landas; es un mar bastante salvaje, con muchas olas, y siempre sentí esa atracción. En el buceo lo que se busca es que vayas lo más lento posible y por eso engancha a mucha gente; una vez te metes debajo del agua desconectas de todo el estrés y conectas con todo».

La vida le llevó a convertirse en *coach* y a fundar el Instituo Europeo de Coaching (IEC). Siempre creyó que el mar te proporciona un medio completamente distinto al que estás acostumbrado. Dentro del trabajo de *coaching* muchas veces se busca sacar a cada uno de su zona de comodidad y que se meta en un ambiente que no conoce, porque ahí se van a comportar sin filtros y va a salir lo que tiene cada uno dentro.

«Siempre he creído que es muy interesante llevar a equipos de trabajo a bucear. En buceo tienes que ir en pareja, tu compañero ha de estar pendiente de ti por si tienes algún problema y viceversa. Es muy interesante obligar a formar parejas entre personas de departamentos que no están acostumbrados a trabajar juntos, o que viven algún tipo de conflicto, y experimentar la necesidad del otro debajo del agua. Están en un medio que desconocen y tienen que apoyarse y no ir por libre. Creo que la sociedad necesita encontrarse y el mar te proporciona esa oportunidad ya que, al tener que estar sumergido, te obliga a conectar contigo mismo, ya sea con una botella o en apnea. Es sano para todo el mundo parar, dejar de pensar».

Viajes

Brooke Morton es una periodista *freelance* especializada en viajes de aventura cuyos reportajes están muy vinculados con el mar. Este mismo año publicó una lista con los ocho mejores lugares del mundo para bucear a pulmón, algunos de ellos con un grado de peligrosidad muy alto por las condiciones y la fauna que podremos encontrar. Ésta es su lista:

1. *Plataformas petroleras abandonadas del Golfo de México*: cualquier estructura humana en el mar se convierte en una nuevo hábitat para multitud de especies que cambiarán su paisaje artificial, convirtiéndolo en una nueva posibilidad de supervivencia. Sus laberintos de vigas y la presencia de grandes tiburones hacen de ellas una inmersión extremadamente peligrosa, pero la belleza de estas especies, tortugas marinas, esponjas y barracudas las han convertido en un acuario natural.

2. *Cristo del Abismo, en Portofino*: en la costa italiana, entre Camogli y Portofino, frente a la Abadía de San Fruttuoso, hay sumergido desde 1954 un Cristo de bronce de 2 metros y medio a unos 15 metros de profundidad. Su cara y sus brazos miran a la superficie entre la transparencia del agua del Mediterráneo. Es obra del escultor Guido Galletti y conmemora la muerte de Dario Gonzatti, uno de los primeros buzos italianos que murió durante una inmersión.

Cada 15 de agosto se realiza una peregrinación submarina hasta él. Tuvo que ser restaurado y, aunque enclavado en un parque marino protegido, puede ser visitado por cualquiera. Existen dos réplicas, una en Florida y otra en la Isla de Granada, en el Caribe.

3. *Naufragio del Kuda Giri, en las Islas Maldivas*: es un pecio hundido a 31 metros de profundidad en el Atolón sur de Malé, un buque pesquero que naufragó tras chocar contra un arrecife. Se puede caminar por la cubierta y entrar en sus bodegas por lo que se recomienda llevar equipo apropiado e iluminación. La temperatura media del agua es de 28 grados y la visibilidad de unos 15 a 20 metros. No hay grandes corrientes por lo que el descenso es muy placentero. Está posado sobre el lecho marino y rodeado de gran cantidad de fauna.

4. *Y40, en Padua*: la piscina de buceo más grande del mundo con 40 metros de profundidad y 2,5 millones de litros de agua de manantial filtrada a una temperatura de entre 32 y 34 grados. Posee plataformas a distintos niveles para acoger a buceadores de todos los niveles y túneles que cruzan su interior desde donde se pueden contemplar las inmersiones. Muchos profesionales acuden aquí para entrenar y aprovechar las perfectas condiciones del agua.

5. *Dean's Blue Hole, en Bahamas*: en este destino cada año se celebra el *Suunto Vertical Blue*, el torneo anual donde se han batido muchos de los récords nacionales e internacionales de apnea.

6. *Antártida*: Alex Roubaud y Alex Voyer son una pareja de buceadores franceses que viajan por el mundo en busca de fauna marina: «El buceo libre es probablemente el modo más discreto y ecológico de acercarse a un animal por el agua, en su entorno», dice Voyer. Han buceado en la Antártida con focas leopardo en inmersiones que sólo pueden realizar expertos apneistas. Paradise Bay, entre enormes montañas de hielo, es uno de esos lugares donde pocos se han atrevido a sumergirse.

7. *Dahab, en Egipto*: el *Blue Hole* es fatalmente conocido por la gran cantidad de buceadores con botella que han perdido la vida en él. Hay un arco a 60 metros de profundidad por el que cruzas para volver a subir en mar abierto. El problema es que, tras bajar tantos metros, muchos se desorientan y no encuentran la entrada de la cueva, por lo que siguen descendiendo hasta los 100 metros. Pero para los que bajan a pulmón es un precioso paisaje repleto de vida hasta los 30 o 40 metros. En 2007 William Trubridge, vestido tan sólo con un bañador y una gafas, se convirtió en el primer hombre en cruzar el arco en apnea.

8. *Avión hundido, en Chepstow (Inglaterra)*: con el agua a 10 grados y una penumbra que no te permite cometer errores, el avión está a 27 metros de profundidad en un lago en la frontera con Gales. Las entradas del aparato son tan estrechas que es difícil pasar con una monoaleta pero la parte de la cola está partida y puedes recorrer la nave hundida por dentro hasta la cabina. Hay que tener precaución con los salientes de acero con los que te pue-

des enganchar y mantener la calma y un constante estado de concentración. Es un lugar distinto a los anteriores, sin una fauna o vegetación marina que destaquen, pero espectacular. Algunos buceadores han dejado su nombre escrito sobre los sedimentos del fuselaje, como quien firma en un libro de visitas.

Soledad

Cuenta Juan Cruz que una vez le preguntaron a Rudolf Nureyev si se ponía nervioso cuando bailaba frente al público y contestó: «Siento miedo y nervios, pero antes de que la danza comience, una vez inicio mi baile estoy absolutamente solo, no hay nadie más; no solamente los otros desaparecen: algunas veces llega el momento en que yo mismo desaparezco y sólo la danza permanece».

He encontrado ese denominador común en todos los buceadores que he conocido y en las palabras con las que describen sus experiencias en el mar. La soledad es un hogar para todos los que tenemos el impulso de descender hacia lo profundo, la soledad ineludible en la que desaparecemos por unos minutos, mientras sucede el tiempo más allá de nosotros.

Algunos estudios científicos sugieren que la soledad puede provocar enfermedades o agravar los síntomas de éstas. En estos casos el aislamiento no es buscado y se convierte en un trastorno grave que se caracteriza por la pérdida paulatina del contacto con el exterior. Puede estar provocado por un episodio traumático como la pérdida de un ser querido, por una ruptura afectiva o simplemente debutar de manera espontánea. Pero la otra soledad, la que es fuente de plenitud e inspiración, la soledad creada, la que a veces duele, la soledad a través de la que se aprende a sentir, a comprender, esa soledad es en la que se bucea. Y a través de ella uno se siente acompañado por las cosas que tiene alrededor y que descubre, pues todo cobra vida cuando se asiste a ello sin prejuicios, abierto.

La lluvia

Lleva semanas lloviendo.
Le gusta asomarse a la ventana
y ver cómo cae el agua
sobre las calles adoquinadas.
Aún viste el pijama
mientras sorbe un té caliente.
Dice que la forma en que llueve en el campo
es distinta,
el sonido es más amortiguado,
más compartido, dice.
Y en la ciudad el agua golpea contra todo
y todo es duro y no se deja calar.
Gira levemente la cabeza
esperando una respuesta
hasta que ella dice que sí,
que aquí no se eleva el frescor
de la tierra húmeda.

Ahora he de escribirte,
afirma apurando el té,
se hace tarde
y el correo sale a las doce en punto.
Tengo que contarte tantas cosas.
Se sienta ante la mesa y saca un folio
con el membrete del hotel
y un sobre alargado.

El bolígrafo es el suyo,
no pienso escribir con algo
que ha usado alguien que no soy yo
para alguien que no eres tú,
dice casi en un susurro.
Las palabras entre dos personas
tienen que recorrer un camino propio,
entre dos almas, se corrige.
Ella le sonríe como si le acariciara,
una sonrisa suave.
Luego se levanta y entra en el baño.
Siempre lo hace cuando él se pone a escribir
porque sabe que esa rutina de sonidos familiares
le tranquilizan:
el grifo del agua esperando
a que salga suficientemente caliente,
la insistencia del cepillo de dientes
o la mano que busca en el espejo
un rostro entre el vaho.
Ella sabe que todo eso le gusta
y que él lo percibe más allá
de su atención, como un decorado.
Y por eso insiste en crear una sinfonía
de sonidos para él: para ti, mi amor,
dice cerrando con fuerza un bote de crema.

La lluvia sigue cayendo con fuerza
mientras él escribe sin descanso:
A veces trato de encontrar
entre los paraguas a alguien
que no tema mojarse.
Generalmente tiene una expresión alegre,
limpia,
diferente a los que se cubren.

Y se mueve más liviano,
más parecido a la alegría, escribe.
Ocurre que algunas veces dos de esas personas
que caminan bajo la lluvia
se cruzan en una calle
transitada sólo por paraguas
y, de alguna manera, se reconocen,
se ven atractivos.
Como esa fuerza que nos acercó a nosotros
el día que nos conocimos, ¿recuerdas?,
llovía tanto que el agua casi desborda
la pequeña fuente de la plaza.
Nos detuvimos ante el otro,
la piel de gallina,
la sensación de haber encontrado
un lugar cálido donde descansar.
Y en ese lugar empezar a amarse.
Punto.

Ella sale del baño con el cuerpo desnudo
y una toalla enroscada en la cabeza.
Hueles como la lluvia en el campo,
le dice él cerrando el sobre.
Luego mira el reloj
y comprueba que son casi las doce.
Enseguida vendrán a por el correo.
Hay una sensación de despedida
cada vez que se desprende
de una de sus cartas,
como si las perdiera.
Entonces suenan dos golpes en la puerta:
es el correo,
le dice ella cubriéndose tras una pared.
Él abre y le entrega el sobre al conserje

que hace una leve inclinación
y, sin esperar propina,
se aleja silenciosamente por el pasillo.

El hombre llega a recepción
y mete la carta en una bolsa raída
con el logotipo de correos.
El sobre se pierde en su vientre
hasta formar parte de un peso común,
una misma lisura.
Le dice a su compañera que parece
que no va a dejar de llover nunca.
¿Qué le contará en ellas?, le pregunta
mientras se abrocha el chubasquero,
qué sentido tiene escribirle
a quien ya no está,
tantos años después de la terrible enfermedad.
Luego coge un paraguas
y sale a la calle con la correspondencia
bajo el brazo.

Él cierra la puerta muy lentamente,
casi sin fuerza.
La habitación está en silencio.
Se acerca a la ventana
y contempla las gotas golpeando
contra el cristal.
Más allá ve la plaza encharcada
y la fuente.
Su mirada se humedece de llanto.
Le pregunta entonces si quiere salir
a dar un paseo, ¿quieres?,
un largo paseo tú y yo.
Pero ya no obtiene respuesta.

Alzheimer es una palabra relacionada con uno de los grados de aislamiento y soledad más profundos que puede sentir el hombre, una enfermedad degenerativa marcada por un deterioro progresivo de las facultades que nos definen como personas. Muchas terapias no farmacológicas se centran en la estimulación cognitiva a través de la música, las caricias o los perros (se ha demostrado que estos animales ayudan a mejorar la capacidad de atención y la comunicación de las personas aquejadas de esta enfermedad). Hace pocas semanas vi una película titulada *Still Alice* en la que Julianne Moore da vida a una profesora de Lingüística que sufre el mal de Alzheimer de manera devastadora. Me conmovió mucho contemplar la manera en que el guión muestra la pérdida de todas sus facultades hasta que ella ya no puede hablar. El olvido, ese rumiante que arranca a mordiscos grandes pastos de la memoria, se impone como una plaga que no se puede frenar. Cuando los síntomas son muy aparentes pero la protagonista de la película aún es consciente de sí misma, da un discurso a pacientes y científicos que asisten a un congreso sobre la enfermedad. Dice así: «Buenos días. Es un honor estar aquí. La poetisa Elisabeth Bishop una vez escribió: 'el arte de perder no es tan duro de dominar. Muchas cosas parecen fallar con el intento de perderse, pero la pérdida no es un desastre'. No soy una poetisa, soy una persona viviendo con Alzheimer prematuro y, como esa persona, me he hallado aprendiendo el arte de perder, cada día. Perdiendo mis pertenencias, perdiendo objetos, perdiendo el sueño, pero principalmente perdiendo recuerdos... Toda mi vida he acumulado recuerdos que de alguna manera vienen a ser mi más preciada posesión: la noche que conocí a mi marido, la primera vez que tuve mi libro de texto en mis manos, teniendo a mis hijos, haciendo amistades, viajando por el mundo. Todo lo que he acumulado en la vida, todo por lo que trabajé, ahora todo eso me ha sido arrancado. Como pueden imaginar, o como saben, esto es el infierno. Pero se pone peor. ¿Quién nos tomaría en serio cuando estamos tan lejos de lo que una vez fuimos? Nuestros extraños comportamientos, nuestros titubeos, cambiando la percepción de nosotros. Y la percepción de nosotros mismos. Nos convertimos en ridículos, incapaces, cómicos, pero esto no es lo que somos. Esto es nuestra enfermedad, tiene una causa, tiene una progresión y podría tener una cura. Mi mayor deseo es que mis hijos, nuestros hijos, la próxima generación, no se enfrente con lo que yo me estoy enfrentando. Pero por el momento sigo viva, sé que estoy viva. Tengo gente a la que quiero, tengo cosas que quiero hacer en mi vida. Lucho contra mí por no ser capaz de recordar cosas pero sigo teniendo momentos en el día de pura felicidad y alegría. Y, por favor, no piensen que estoy sufriendo. No estoy sufriendo, estoy luchando. Luchando por ser parte de las cosas, por seguir conectada con quien una vez fui, viviendo el momento es lo que me digo, es realmente todo lo que puedo hacer. Vivir el momento y no exigirme demasiado por dominar el arte de perder. Una cosa de la que sí trataré de acordarme es del recuerdo del discurso que di hoy. Se irá, sé que lo hará, quizá mañana, pero significa mucho el hablar aquí hoy, como mi vieja y ambiciosa yo que estaba fascinada por la comunicación. Gracias por esta oportunidad, significa un mundo para mí. Gracias».

Ubicado en el lóbulo temporal, el hipocampo (del latín: *hippocampus*) es el encargado de almacenar la información reciente antes de convertirse en un recuerdo permanente de nuestra memoria. Ciertas neuronas se encargan de convertir los estímulos que llegan a través de los sentidos en impulsos eléctricos, que viajan a través de los neurotransmisores y los espacios sinápticos creando una relación bidireccional. Cuando el hipocampo consolida los datos que ha recibido pasan al córtex, la capa externa del cerebro, también como señales eléctricas. Pero, extrañamente, los recuerdos se almacenan en fragmentos a lo largo de éste y no en una sola ubicación. Han de ponerse en funcionamiento distintos circuitos de neuronas para recrear la percepción de una forma, un color o un sonido. El cerebro también tiene la capacidad de inventar y recrear el pasado para no perder la coherencia de su presente. El nombre de *hipocampo* proviene directamente del parecido que tiene con el animal marino, y siempre me llamó la atención ese vínculo natural de nuestra memoria y nuestro aprendizaje con el mar, como si la metáfora del hombre tuviera su mejor reflejo en el océano.

Cuando buceo siento que lo que sé cae en un efímero letargo y el olvido protege un mundo interior personal y propio. El cerebro posee herramientas para concentrarse y prescindir de muchos pensamientos que en ese instante no necesita. La atención plena se puede ejercitar en el día a día, parando en los detalles que nos rodean y dan forma a la realidad. La textura del mundo a veces pasa desapercibida delante de nosotros y muchos de los atributos que diferencian a las cosas entre sí parecen invisibles. Es más fácil disfrutar con poco cuando sabes lo que realmente es, que acumular experiencia tras experiencia sin prestarles la suficiente atención.

Faros

Sentado sobre la barca se preguntó si el alma de un hombre puede alimentarse de peces y marisco, si el mismo sabor le sirve a uno para saciar su hambre y su nostalgia. Lanzó la red sobre la superficie del mar y esperó a que llegara la captura, y lo hizo mirando al horizonte donde esas preguntas sobrevolaban el día como una bandada de aves marinas.

Hacía tiempo que vivía de esa manera, abasteciéndose con la pesca diaria y sin más necesidad que la constante búsqueda de trascendencia. Llevaba más de treinta años habitando un faro que se elevaba sobre un pequeño islote a quinientos metros de la costa. La tecnología había automatizado los mecanismos de luz y movimiento pero, sin más hogar al que ir, le permitieron quedarse como supervisor hasta que ya no se pudiera defender solo. En ocasiones se sentía como un náufrago en esa pequeña elevación de rocas en mitad del océano. Tal vez por eso había pintado de nuevo la barca y la había bautizado con el nombre de Estigia, como si navegar en ella fuera un intento por cruzar la conciencia y no las aguas.

Tras llegar a casa limpiaba el pescado y lo troceaba. Hervía un poco de agua y lo cocinaba durante unos pocos minutos, hasta que del privilegio de su carne tierna emanaba un aroma a sal y profundidad. Luego comía en silencio, lentamente, como si la edad hubiera acortado su necesidad de vivir experiencias y la verdad del mundo descansara en ese instante de paz. Su mujer había muerto de una terrible enfermedad cuando aún no habían tenido hijos y su vida sucedía a muchos kilómetros tierra adentro. Fue aquello lo que derivó un día sus zancadas que le llevaron hasta la costa, casi como en un impulso desesperado, como un intento por alejarse de la muerte y su amargura. De ahí esa nostalgia que no desaparecía y que había creado en sus ojos dos olas de lágrima.

Al terminar de comer recogía la mesa y se tumbaba un rato a descansar. La tarde iba deshaciendo sus tonos claros en una lenta penumbra hasta que la línea del horizonte desaparecía y la luz del faro comenzaba a oscilar como un enorme ojo sin párpado. Él leía entonces uno de los muchos libros que viajaron hasta allí cuando se mudó. Fue lo único que conservó de su vida anterior. No tendría tiempo de leerlo todo pues, como en toda biblioteca, hay un número infinito de lecturas para un número concreto de volúmenes. Por la noche cenaba lo que había sobrado de la comida y se acostaba temprano.

Si el tiempo lo permitía salía a pescar cada jornada. Cuando había temporal o las condiciones no eran seguras se quedaba en tierra y buscaba cangrejos entre las rocas, erizos, moluscos y raramente pulpos. Usaba un sedal para pequeños peces y una red cosida a un largo palo de madera. Las algas le servían de guarnición.

Una mañana de noviembre amaneció un día despejado y frío. Apenas había viento y la superficie del agua parecía un espejo azul. El sol apenas calentaba. Embarcó temprano y lanzó la red con fuerza. Mientras aguardaba contempló un destello lejano, un chapoteo que rompía la calma del mar a unos cientos de metros. Pensó que se trataba de un delfín y siguió con su espera mecido por esa marea que conecta orillas y sentimientos. Recogió la red y descubrió dos sargos y una caballa enredados en ella como notas musicales en un pentagrama. Los metió en un cubo con agua y volvió a lanzar el aparejo lo más lejos que pudo. Y en ese gesto circular de su cuerpo volvió a ver el reflejo lejano que alteraba el paisaje. Entre las salpicaduras de espuma distinguió dos brazos que se elevaban haciendo gestos de auxilio y un cuerpo que luchaba por mantenerse a flote. Sacó los remos del casco y avanzó con rapidez hacia allí. Poco a poco los gritos de desesperación se fueron haciendo audibles.

De vuelta en el faro reunió todas las mantas que pudo y abrigó por completo aquel cuerpo helado. Contaba con una pequeña estufa que puso a sus pies y calentó sopa de pescado que guardaba del día anterior. Era un chico joven de apenas treinta años. Temblaba tanto que su voz aún no podía articular palabras. Sus ojos se hundían en las cuencas como escondiéndose del terrible destino que ya habían con-

templado. Tardó un tiempo en recuperar la temperatura y poder esbozar unas palabras de agradecimiento que aún le supieron a sal. Luego dijo su nombre, Tomás, y extendió la mano entre las mantas hasta encallar casi sin fuerzas en otra mano.

—Manuel —respondió él. Y tardó en comprender el significado de aquella palabra tras tanto tiempo sin pronunciarla—. Bebe, te sentará bien.

Sentados junto a la mesa se contemplaron en silencio, pues hay encuentros que habitan la ficción antes que la realidad. Como si algo se hubiera despertado en su interior y los recuerdos tuvieran que salir a empujones de su memoria, Tomás comenzó a narrar los hechos que le habían conducido hasta ese mismo instante. Y lo hizo en una galería de arte, paseando entre cuadros de gran formato hasta parar frente a uno y sentir que alguien se detenía a su lado. Siempre le gustó ese mirar al otro a través de bellas pinceladas, esa presencia compartida en un lienzo opaco. Luego girar la cara y a veces pertenecerse desde un primer momento, como si conocerse en los límites de una pintura uniera para siempre a las personas. Ella también se giró, sonriendo, y se alejaron como una misma forma hacia el asombro inexorable de una vida en común.

Manuel le escuchó sin pestañear, escuchó el nombre de Miriam, alargado, como si dicho de esa manera tuviera mayor relevancia, y como pronto alquilaron una casa en el centro y se mudaron sin apenas conceder espacio a las dudas. Los meses que vivieron allí fueron íntimos y llenos de cariño. Descubrieron los afectos más profundos en el otro, en las cosas sencillas del hombre. Ya no recordaban la vida anterior a su sutura, ya no existían sin ser dos.

La luz del sol avanzó hacia poniente mientras Tomás describía con detalle los momentos de felicidad con Miriam. Manuel se incorporó sin dejar de escuchar y buscó los peces que había logrado por la mañana, separó los lomos y vació las vísceras. Calentó una plancha de acero con viejas escamas chamuscadas en las esquinas y los colocó encima. Un intenso aroma inundó la estancia y Tomás dejó de hablar, justo en el momento en que sonaba un teléfono de madrugada y Miriam y él se miraban preguntándose quién sería a esas horas.

—Tienes que comer —le dijo Manuel colocando un plato frente a él con el pescado humeante.

—Gracias.

—No hay cubiertos.

—No importa —contestó Tomás.

Manuel se sirvió el resto y ambos comenzaron a alimentarse desmigajando la carne con los dedos. En escasos minutos no dejaron más que las raspas. Tomás alzó la vista y contempló por primera vez el interior del faro. Le llamaron la atención todos aquellos libros ordenados en las paredes y sombreados de austeridad. Apenas observó signos de comodidad en el pequeño espacio que servía de hogar al farero.

—¿Lleva muchos años aquí?

—Muchos.

—¿Cómo vive? —Manuel señaló los platos con la mirada.

—Tengo agua y electricidad.

—¿Y está solo?

—Pudiendo callar frente al océano, ¿por qué hablar con el ser humano? —Luego bajó la cabeza y respiró profundamente—. Cuando murió mi mujer no encontré mejor lugar que éste para comprender los primeros principios, las cosas en sí mismas.

—¿Y los libros?

—Los libros son distancias.

Miriam descolgó y comenzó a hablar en susurros. A veces las derrotas se anuncian así, inesperadamente, en voz baja, como no queriendo alertar al mundo de su presencia. La caducidad de la pareja comenzó entonces, cuando un pasado sin resolver reapareció en la vida de ella. Colgó el teléfono y ya todo le supo a llanto, cada explicación al hombre que escuchaba a su lado, los años compartidos con otra persona, la despedida en la frontera de un país que no era aquél, las cartas cada vez menos frecuentes y la búsqueda de quien logró el número de teléfono por amigos comunes y llamó para resolver tanta separación.

Aquella noche la pasaron en vela, tratando de mantener en pie un territorio común que se deshacía como el hojaldre y, con la primer luz del día, Miriam empezó a meter sus cosas en cajas dejando cicatrices en el espacio compartido de los dos. Tomás arrastró la mirada por los espacios vacíos que iban quedando tras ella y no quiso asistir a esa rotura. Se despidieron sin mirarse, como si el cuadro que les contuviera entonces fuera una implacable negrura. Caminó hasta el muelle y compró un billete en el primer ferri que salía hacia las islas. Hacía sol y se sentó en la cubierta de popa. No había pasado media hora cuando se asomó por la borda. Una estela de espuma era lo único que le unía con su pasado. Luego se dejó caer, dócilmente, confundiéndose con la profundidad.

Manuel recogió los platos y se asomó por una pequeña ventana junto a la cocina.

—Ven conmigo —le dijo entonces a Tomás.

Ambos subieron la escalera de caracol que conducía a la parte más alta del faro y salieron a una pequeña pasarela circular que rodeaba a la enorme linterna. El cielo se había cerrado en colores naranjas y morados y una leve brisa se elevaba desde el mar.

—En cuanto caí al agua sentí una increíble necesidad de sobrevivir, como si la rendición de un hombre necesitara suelo firme y no una lenta caída hacia el abismo —prosiguió Tomás.

—El dolor se irá. Se irá en las pequeñas cosas. En los pequeños actos. Y quedará una nostalgia que te recordará quién fuiste en cada momento.

Y como si la vida de aquellos dos hombres se hubiera sincronizado en ese mismo instante, la luz del faro se encendió dibujando sus frágiles sombras sobre el mar.

Los faros siempre significaron para mí un reflejo de la condición humana, de los rasgos más profundos y espirituales que poseemos. Tal vez haya idealizado la vida en ellos con aspectos poco realistas pero, más allá de los decorados poéticos que haya podido crear alrededor de su idea, me han servido como destino a tantos momentos de soledad. Como en el buceo, representan el abandono de una parte de nosotros vinculado a la superficie, a lo visible, y la conexión con una realidad unida a la trascendencia personal. Decía el personaje del cuento: «Pudiendo callar frente al océano, ¿por qué hablar con el ser humano?» Pues a veces es necesaria esa distancia física con lo que nos rodea a diario, asomarse a una inmensidad que jamás seremos capaces de comprender del todo y recorrer el horizonte con la luz y la existencia. Simplificar el sentido de las cosas, el significado de lo que somos, aceptar el hecho en sí de estar aquí en este momento, sin necesidad de colapsar nuestra presencia con planes de futuro o grandes logros. No somos más que una pequeña estatura asomada a un corto espacio de tiempo y, sin embargo, cada uno de nosotros posee la capacidad de elevarse y trascender su insignificancia. Me siento así en la profundidad y en los faros, cuando no queda de mí mas que el segundo en el que vivo.

Los fareros (o torreros) siempre fueron gente solitaria, artistas, filósofos capaces de llevar una vida austera y aislada del ruido del hombre. Los primeros faros se remontan a los años en que la navegación creó rutas comerciales en el Mediterráneo y Homero ya cita en sus textos la existencia de estos centinelas. Construidos en lugares poco accesibles, funcionaban con grandes hogueras que había que mantener durante la noche. La aparición de las lámparas de aceite mejoró las condiciones aunque iluminaban muy poco y su recorrido era aún corto. Angustian Jean Fresnel, un físico francés del siglo XIX, inventó la lente que permitía concentrar la luz de un modo convergente aumentando enormemente el alcance. A los pocos años todos los faros del mundo funcionaban con este tipo de lentes.

La automatización de los sistemas tecnológicos ha provocado la extinción casi total del oficio de farero. Lo que hace unos años era imprescindible para evitar posibles naufragios en zonas altamente peligrosas, ahora no necesita tanto de manos que ajusten ni de ojos que rastreen. Esas torres asomadas al océano siguen perteneciendo a la costa aunque ya apenas estén habitadas por el hombre. Pero en algunos lugares aislados todavía quedan habitantes de los faros, hombres y mujeres que han sobrevivido a la revolución tecnológica y pertenecerán para siempre a ellos. Y por ese motivo inicié un viaje en busca de uno, para conocer y comprender qué lleva a un hombre a poblar ese rincón elevado de soledad. Sólo puedo decir que me dirigí al norte, a un lugar frío y rocoso escondido al final de una peligrosa carretera apenas transitada. Allí me estaba esperando un hombre que lleva más de 30 años habitando el mismo faro y que me pidió no desvelar su nombre, ni el lugar, ni el océano. Y yo compartiré ese silencio para siempre. Me invitó a entrar y me mostró el funcionamiento del faro; subimos unas angostas escaleras hasta la linterna y allí nos asomamos al mundo. El mar en calma se extendía ante nosotros y sentí esa necesidad de quedarme allí y no volver, de ser luz y agua salada. Luego bajamos y nos sentamos en una pequeña cocina a hablar tranquilamente. Sacó dos cervezas de la nevera y me miró con una sonrisa en la cara.

–Me interesa principalmente saber cuál fue el motivo para que vinieras a un lugar como éste.

–Yo no estaba relacionado con el mar. Cuando era joven estuve en una torre forestal, trabajé algunos veranos vigilando incendios con mi hermano. Era otro tipo de torrero. Entonces pensé en dos alternativas para trabajar: controlador aéreo o farero. La segunda era una oposición no masificada, no era muy difícil para nuestro nivel de estudios (éramos estudiantes de universidad, aunque no habíamos acabado las carreras, el temario de señales marítimas era asequible y el de administración también y sólo debíamos ponernos en temas de electrónica) y ambos aprobamos la oposición. Tuve varios destinos antes que éste, que es de una plaza. Cuando vine aquí viajé con un amigo muy aficionado a la música; traía cajas con elepés y le dije que pusiera algo mientras nos instalábamos. Estábamos en esta cocina donde estamos ahora; él buscó un enchufe pero no lo encontró, salió al pasillo y siguió buscando pero en este faro no había enchufes porque carecía de instalación eléctrica. Yo no lo sabía y por eso estaba la plaza vacante. Fue en 1980. Estuve un año viviendo sin electricidad; se vive perfectamente (risas) y, sobre todo, te acostumbras a valorarla cuando la tienes. Eran otras condiciones, pero me aclimaté.

–Siempre se vincula a los fareros a gente de un carácter especial, hay un estereotipo muy claro...

–No tengo la gorra de marinero, no fumo en pipa, no tengo botas de agua. Una vez vinieron aquí a hacer un anuncio y se trajeron a un farero que reunía esos requisitos. Es verdad que vives en este sitio pero siempre he dicho que hay gente viviendo en grandes ciudades que es más solitaria que yo.

–¿Cómo es un día en tu vida?

–Normal. Bajo al pueblo, que está a 8 kilómetros, todos los días, no tengo televisión pero tengo internet. Vivo con mi familia, comparto mi casa a menudo.

–¿Qué te ha aportado el vivir tan en contacto con el mar, en este lugar todavía virgen?

–Te marca quieras que no. Es un sitio muy tranquilo; te permite ciertas actividades. Yo escribo. Aparte del sitio donde vives, es como tú seas. ¿Qué le impide a una persona habitar una casa que esté más o menos alejada? La soledad es más interior y, si realmente te quieres aislar, puedes hacerlo en la ciudad. Yo sé que este sitio es espectacular, es muy bonito, muy duro en invierno; algunos dicen que jamás vivirían aquí ni bajarían esa cuesta ni una sola vez. Creo que si no hubiera sido farero hubiera llevado este tipo de vida en otro sitio. Es la persona.

–Cuando miras hacia fuera y ves eso, inexorablemente te marca, como tú me has dicho, pero cuando miras atrás y ves lo que está pasando en el mundo, ¿qué opinión le merece a alguien como tú?

–Es una historia personal. Soy de Amnistía Internacional, de Greenpeace, de Médicos sin Fronteras, para mí es una obligación. Yo no tengo vicios caros, tengo para comer, tengo para dormir y sé que soy un privilegiado. Siempre he leído el periódico y es un castigo que me impongo, porque no es agradable leerlo, normalmente es una crónica en su mayoría de sucesos y tengo mis opiniones; participas y haces lo que puedes, practicas con el ejemplo. Leer te da una opinión crítica y hay que saber entender lo que dicen todas las partes e interpretarlos.

–¿Me puedes contar alguna experiencia personal que te haya ocurrido en el faro?

–Una vez me llamaron a las doce y pico de la noche de Protección Civil para preguntarme si veía alguna luz en el mar, que habían recibido una llamada de socorro. Nosotros habitualmente no estamos mirando al mar buscando señales extrañas. Me asomé pero no descubrí nada en el agua, aunque en tierra había una luz que no debía estar allí, ahí abajo entre las rocas. Al rato llegó el equipo de rescate y bajamos por un sendero. Se trataba de dos personas que habían salido en un día de muchísimo viento y se les rompió el timón. Ellos sabía que iban a estrellarse y trataron de escoger el sitio para poder ganar la orilla a nado. Vieron las rocas y tuvieron la suerte de saltar al agua y lograr llegar con vida a la costa. Estaban a oscuras y se quedaron ahí, esperando. Una historia con final feliz. El barco se quedó encallado tres días y yo lo oía gemir con el embate de las olas hasta que literalmente se deshizo en trocitos y no volvió a aparecer.

–¿Has tenido momentos de plenitud, de encontrar esa parte espiritual, la totalidad?

–La totalidad no, pero te contaré algo. El simple hecho de dormir aquí solo hay mucha gente que no lo aguantaría. Estar solo en un sitio así no es para todos los públicos. Estoy en un entorno especial, hay temporales muy fuertes, los muros son de 60 centímetros. Te da un carácter.

–Que tú hayas tenido esa trayectoria tendrá que ver con tu personalidad, ¿no?

–Soy una persona más interior, más pensadora.

–¿Por eso escribes?

–He escrito pequeñas obras de teatro y me resulta fácil. Nada profesional. Siempre he escrito y hubiera escrito si no hubiera estado en un faro. Me gusta leer y aquí puedes leer pero, voy a lo mismo, también puedes leer en otro lado. Si le sacas tiempo a la televisión tienes mucho tiempo para leer.

Le pregunto por autores que le gusten, por música, y mientras le escucho siento que la conversación me está llevando a preguntarme: ¿qué te hace ser como eres?, ¿qué diferencia te une o te distancia de los demás? Saca otras dos cervezas y me habla de Dostoievski y de García Márquez, y nombra *El idiota* y *Cien años de soledad* con sumo respeto, como vivencias. Luego señala unas cajas que hay justo detrás de donde estoy sentado repletas de música de todo tipo: jazz, rock, clásica, incluso zarzuela, me reconoce.

–Yo siempre he tenido un sentimiento muy poético hacia los faros, han significado una especie de símbolo para mí, he escrito mucha ficción sobre ellos y me gustaría que nos dieras algo a los que amamos esta idea.

–Tradicionalmente, los fareros venían de familias y sagas enteras de fareros. Después de la guerra fue un destino para gente del lugar, gente de mar, que llegaban a los faros a través de oposiciones que garantizaban una salida profesional. A partir de la democracia, se metió otro tipo de gente, una nueva generación que corrió la voz de que era un buen trabajo y entramos personas que no éramos de mar: gente muy preparada (en mi promoción había ingenieros) y otros más dejados, menos responsables. El trabajo lo puede desarrollar cualquiera, no hace falta ser lugareño, sólo hay que tener unos conocimientos que hay que aplicar. Ahora estamos en un proceso de cambio; los faros se están privatizando para sacar un rendimiento de ellos, es algo inevitable. Las luces han perdido importancia pero el automatismo tiene más mantenimiento que el propio faro. Tengo claro que van a seguir existiendo los faros y gente que los lleve.

Charlamos un rato más pero ya sin grabar la conversación. Ponemos cosas en común y demoramos el tiempo. Salimos a los acantilados y me muestra hasta qué altura llegan las olas cuando el mar está enfurecido. Le pregunto si ha visto algún animal grande frente a la costa pero me dice que no, nunca, multitud de aves migratorias pero cetáceos en general, no. Sí vio una aurora boreal, y señala con el dedo el lugar exacto en el horizonte; lo leyó al día siguiente en algún periódico; el cielo se tiñó con colores vivos y estuvo horas contemplándolo: «Lo del rayo verde lo dejamos para las discusiones fareras que son habituales entre mis amigos».

Tras despedirnos recorro esa carretera que pocos se atreven a bajar y descubro caballos salvajes pastando en los páramos hasta que todo, irremediablemente, se desvanece. No sé si regresaré algún día allí; nunca se sabe si un viaje volverá a llevarte a determinados lugares en los que ya has estado, pero esa sensación de contemplar el océano desde lo alto de un faro me acompañará siempre, como mi agradecimiento al hombre que lo habita.

III. Apnea

El *Dean's Blue Hole* es el agujero azul más profundo del mundo con una caída de 202 metros hasta el suelo marino. Está situado en la bahía oeste de Clarence Town, en Long Island, Bahamas, rodeado de naturaleza salvaje y apenas señalizado. Aislado del mar abierto por una estrecha lengua de tierra, el agua está en calma y no existe riesgo de tráfico de embarcaciones. Es un lugar ideal para la práctica del buceo al que todos los años acuden los mejores apneistas a entrenar y competir en los más importantes campeonatos internacionales.

Will flota boca arriba vestido con un traje de neopreno negro y una pinza en la nariz. Sus hombros descansan sobre una cuerda y sus pies sobre un flotador. Las manos cruzadas sobre el pecho se mueven al ritmo de la respiración. Sus ojos están cerrados tras las gafas oscuras y una extraña sensación de irremediable paz habita su cuerpo. Está unido por un arnés a un cable vertical (cabo guía) que se hunde en el mar y desaparece en la oscuridad hasta los 101 metros. Su mujer lo contempla desde la estructura de madera donde aguarda junto a un médico y los jueces del campeonato. Un miembro de la organización le dice en voz baja que queda un minuto y eleva un dedo frente a él. Tras los últimos gestos respiratorios se gira sobre sí mismo y se hunde en el agua con un ligero chapoteo de los pies. Las primeras brazadas de su descenso vertical son fuertes, ágiles y simétricas pero, poco tiempo después, el cuerpo deja de moverse y comienza a caer por efecto de la gravedad. La presión del agua cada vez es mayor y no necesita gastar oxígeno exigiendo a los músculos un esfuerzo innecesario. La luz del sol va desapareciendo tras él hasta que sus rayos no pueden atravesar el agua y en esa distancia con todo, en esa falta de tiempo, distingue un pequeño foco que ilumina la plataforma con el nuevo récord del mundo. Luego el ascenso, metro a metro, patada a patada, sin alejarse del cable que le sirve de guía para no desestabilizarse. De nuevo la claridad se va imponiendo a la negrura del fondo mientras el cuerpo se impulsa bajo toneladas de agua y de asfixia. Los primeros buceadores de seguridad comienzan a descender para ofrecer ayuda inmediata si fuera necesario; acompañan a Will en sus últimos metros hasta que al fin sus manos rompen la superficie e inspira la vida entera sujetándose con todas sus fuerzas al cable. Su mujer le habla, «respira», le dice, «respira, sólo respira». Tras unos segundos dramáticos, alza la mano con la nueva marca y todos explotan en un grito de alegría y admiración a su alrededor.

Este encuentro del hombre con el océano es un privilegio al alcance de muy pocas personas. La exigencia física es tan alta que requiere un intenso trabajo diario destinado a desarrollar la totalidad de nuestros recursos naturales, y la mente, esa otra profundidad de cada uno, necesita un nivel de interiorización que no se logra únicamente aprendiendo de otros. Es una forma de vida diferente, una lejanía con todo aquello que nos lastra y nos impone un quehacer innecesario. Escribía Milan Kundera: «Si quieres ver el infinito, cierra los ojos». ¿Qué forma de vida tenemos que llevar para poder tocar, aunque sea durante un segundo, la verdadera certeza de quienes somos? ¿De qué se alimenta la plenitud, la emoción o el verdadero sentido de la paz interior?

Siendo el mar un reflejo de nuestra existencia, también nos impone una tarea a los que buscamos un sentido a las cosas. La capacidad humana para alejarse de lo trascendente, de lo que, al fin y al cabo, nos hace ser verdaderamente nosotros, es tan elevada que la mayoría no poseemos la facultad de diferenciar esos estados del alma que luchan por existir. Y es en soledad cuando asoman las preguntas que destapan nuestros miedos y esperanzas, como la marea que al retirarse deja al descubierto una hondura que no creíamos ahí. Pienso que el mar no es solamente un reflejo de nuestra personalidad sino que es capaz de crear estados y sensaciones con su mera presencia, cierta índole que nos transporta como esas corrientes que arrastran vida y temperatura a través del agua. El origen de la vida está en el fondo de los océanos y en ellos se esconde el significado de nuestra envoltura.

Cuando ya nada se espera personalmente exaltante,
mas se palpita y se sigue más acá de la conciencia,
fieramente existiendo, ciegamente afirmando,
como un pulso que golpea las tinieblas
GABRIEL CELAYA

El mar siempre ha unido orillas y civilizaciones. La Historia nos cuenta que la mayoría de las veces fue para aniquilar y expoliar aquello que nos diferenciaba como especie, pero hoy, acaso porque la evolución nos ha hecho creer que esta forma creada de nosotros es la definitiva, hemos asegurado ese tránsito de voces y pertenencias con leyes que expropian la Naturaleza. ¿De qué nación es la ola que nace en mitad del Pacífico y rompe contra las costas de Hawai? ¿Qué ignorancia nos hace creer que somos los propietarios de esa cercanía? Si algo posee la mente humana es la libertad para crearse a sí misma, sin fronteras que contengan su habilidad para imaginar y percibir el mundo. La totalidad de nuestro ser está creada de fragmentos que dependen de esa invención, de esa soltura en la que habita la autonomía. Nuestro silencio no difiere demasiado del silencio de alguien que vive a miles de kilómetros de distancia. Debajo de cada ilusión y de cada drama, debajo del idioma en el que se expresa la alegría y la tristeza, hay un lugar común en el que todos estamos contenidos. Y cuando el mar nos ofrece esa posibilidad de callar, algo sucede en la intimidad de las personas, como si un sentimiento anterior a nosotros nos recordara lo mínimos y semejantes que en realidad parecemos. El mar contiene los silencios del hombre y del tiempo, esconde las sombras de nuestra presencia en una eterna profundidad. El mar sucede, no aguarda, es una distancia sin geometría. Es origen de la vida, origen de la Humanidad y origen de la transformación del mundo.

Límites

Muchas culturas indígenas han utilizado el buceo a pulmón libre como medio para conseguir alimento. Los Bajau Laut, etnia originiaria de Filipinas, se han adaptado a la vida acuática que les rodea perfeccionando una técnica que les permite descender hasta más de veinte metros de profundidad durante cinco minutos para pescar. Viven en medio del océano, en casas construidas sobre troncos de madera que se hunden en los bajíos, y en sencillas embarcaciones llamadas lepa-lepa con las que se desplazan. Son conocidos como «los nómadas del mar» y hasta hace poco tiempo era normal que muchos no hubieran pisado tierra firme en toda su vida. Actualmente apenas tocan la orilla si no es para repostar, reparar sus barcas o comprar algo de arroz. No cuentan el tiempo en días, horas y minutos como nosotros, sino que lo hacen por el ritmo de las mareas. Acaso sean uno de los pocos pueblos de la Tierra cuya nacionalidad es el mar.

Sulbin, un pescador Bajau, fue filmado por la BBC para el documental *Human Planet* cerca de las costas de Borneo. A diferencia de los buceadores deportivos acostumbrados a manejar los mejores materiales, Sulbin sólo necesita unas gafas de madera hechas a mano y un rudimentario arpón. Antes de descender se prepara mentalmente relajando su cuerpo y logrando bajar su ritmo cardíaco hasta las treinta pulsaciones por minuto. «Cuando buceo me siento relajado; debajo del agua me siento como en casa, igual que en la superficie. Antes de bucear centro mi mente en la respiración y sólo me sumerjo cuando estoy totalmente relajado». Su cuerpo delgado y fibroso desciende entonces hasta el fondo marino donde la presión sobre sus pulmones le permite lograr una flotabilidad casi negativa. Camina sobre la arena buscando alimento hasta que localiza un pez que le servirá de cena ese día. Luego asciende muy despacio mientras los pulmones se van expandiendo hasta alcanzar su volumen natural, lo que, si se produjera de forma brusca, le podría producir un estado de inconsciencia y la muerte.

La búsqueda de la supervivencia ha empujado a la Humanidad a fronteras impensables. Un estudio presentado en 2003 por Anne Gilsen, de la Universidad de Lund, Suecia, demostró que la visión submarina de los niños de estas comunidades está inusualmente desarrollada. Acostumbrados diariamente a las condiciones del agua salina, sus músculos oculares se han adaptado estrechando las pupilas y modificando el cristalino para incrementar la refracción de la luz: «Usan la óptica del ojo hasta donde es humanamente posible», declaraba la científica.

Pero, la mayoría de las veces, los límites en los que habitualmente nos movemos no suelen decidir nuestra supervivencia. La sociedad occidental ha generado mecanismos tecnológicos que han relegado nuestras capacidades a estados fisiológicos latentes. El cuerpo y la mente han de actuar en la misma dirección si queremos lograr transgredir esa estadística que nos contiene, estar presentes cada segundo y ser capaces de pisar en el centro de nuestra huella, para asistir a cada hecho que da forma a nuestra existencia. Esa disposición de conciencia plena genera una claridad y una pureza diferentes, como si todo aquello que llegara a través de los sentidos fuera claramente parte de nosotros. Así, cada cosa se convierte en algo único y cada suceso en una novedad. En ocasiones la borrosidad con la que percibimos el mundo nos hace crear un mundo borroso. La capacidad de vislumbrar un entorno propio, aunque sea de manera temporal, crea una condición refleja en quienes la observan desde fuera. Hume escribió: «Las mentes de los hombres son espejos unas de otras», cuando ya entonces intuía lo que en 1991 Giacomo Rizzolatti denominó como «neuronas espejo».

Las neuronas espejo son células nerviosas que se activan cuando una persona o animal ejecuta una acción determinada, y cuando observa esa misma acción realizada por otro individuo, especialmente si pertenecen a la misma especie. En este último caso, las neuronas reproducen, en su función refleja del cerebro, la misma actividad percibida pero sin llevarla a cabo, como un espejo. En los humanos se localiza especialmente en el Área de Broca, sección que se encarga del habla, el procesamiento del lenguaje y la comprensión. Son muy importantes para la interacción social pues conectan actividades y emociones que vemos en otros, ayudándonos a construir la empatía, uno de los elementos que conforman la inteligencia emocional. ¿Existe la responsabilidad natural en cada uno de nosotros de exportar a la sociedad valores integradores y positivos? ¿Depende de cada individuo el funcionamiento global de esa sociedad? «Somos criaturas sociales. Nuestra supervivencia depende de entender las acciones, intenciones y emociones de los demás. Las neuronas espejo nos permiten entender la mente de los demás, no sólo a través de un razonamiento conceptual, sino mediante la simulación directa. Sintiendo, no pensando», afirma Rizzolatti. Él y su equipo de científicos habían colocado electrodos en un macaco para estudiar las neuronas especializadas en el control de los movimientos de la mano. De manera fortuita, descubrieron que el cerebro del mono se activaba cuando veía a un humano realizar determinada acción: cuando uno de los neurocientíficos cogió un plátano fueron las mismas áreas que se habrían estimulado si lo hubiera realizado el propio animal.

Y este nuevo concepto de supervivencia, no tanto la que nos impulsa a superar nuestros límites sino la que necesita que los comprendamos como son, nos ayudará a percibir la raíz física y emocional de la que nace nuestra condición humana.

En julio de 2011 la científica Natalie Avseenko pasó doce minutos nadando desnuda con un grupo de belugas en la región rusa de Murmansk, ubicada cerca del Círculo Polar Ártico. La temperatura del agua era de dos grados bajo cero. A diferencia de lo que uno pudiera pensar, la anatomía de ambas especies parecía igualmente creada, como si algo distinto a la condición de mamíferos originara una semejanza entre ellas. Y en ese estado de intimidad con los animales, bajo placas de hielo que filtraban la luz de un sol pálido, bucearon en armonía envueltos en la transparencia del mar. «La mayoría de la gente vive de manera automática, sin prestarle atención a su conciencia. La experiencia te cambia, te hace más abierto, te hace sentir que tu vida tendrá muchos cambios», dijo después.

¿Cómo es posible que pasara tanto tiempo sumergida en esas condiciones excepcionales? Cualquier ser humano moriría en pocos minutos a causa de la hipotermia, un punto en el cual el cuerpo pierde calor más rápidamente de lo que lo gana. Natalie Avseenko es campeona del mundo de apnea y profesora de yoga y meditación; usa esas técnicas para lograr descender el ritmo cardíaco y lograr un estado de completo equilibrio y relajación. En mayor o menor medida, todos somos capaces de adentrarnos en esa parte trascendente de nuestra naturaleza. No necesariamente ha de suceder en situaciones tan extremas como ésta, pero sí es ineludible que la exterioridad de nuestra mente reduzca su actividad y logremos conectar con nuestra propia procedencia.

Desde el punto de vista médico, lo que hizo la científica rusa es incompatible con la vida. Tal vez debamos comprender que los límites orgánicos no residen en el cuerpo sino en nuestra percepción mental de ellos. La voluntad con la que se afronta una determinada acción influye directamente sobre nuestra capacidad. Escribía Andrei Tarkovski en su maravilloso libro *Esculpir en el tiempo*: «Hay muchas cosas que quedan grabadas en nuestro corazón y en nuestra mente sencillamente como impulso», lo que puede significar una liberación de los actos que creíamos vencidos y que aguardaban para salir. Y para eso es necesario olvidar la gramática del ser, el lenguaje al que estamos tan acostumbrados, para originar actos únicos e incomprensibles.

A veces pienso que hay una parte de nosotros que se pasa la vida esperando a que algo suceda, un desarrollo diferente y alentador de las cosas. No creo que sea necesario huir de nuestra propia fisura, de los miedos más atávicos pues, como decía Tarkovski casi al final de su libro, «una crisis interior es siempre un signo de salud».

Tiempo

Uno de los mayores privilegios de los buceadores es la sensación de pertenencia que percibimos cuando entramos en el agua. La certeza temporal de habitar la dimensión marina transforma la realidad en la que nos movemos. Detrás de uno no quedan orillas, no hay continente más allá del cuerpo y del instante, sientes la lentitud de ti en la marea y el deseo ingrávido de estar ahí para siempre. El tiempo queda encerrado en esa suspensión del organismo y no late como en la superficie, acaso porque esa deriva nos acerca a la verdadera incógnita de nuestra biografía. Se detienen la arrogancia, la importancia personal, la soberanía, la perfección, la notoriedad; se detienen la mordacidad, el sarcasmo, la culpa y la inextinguible necesidad de compararnos, de medirnos. Descendemos a la versión menos compleja de nosotros mismos, desprendidos de los ambages que necesitamos para definirnos y definir el mundo en el que nos movemos a diario. Ahí carecemos de molduras y la simplicidad de lo que somos convive con la belleza de las cosas.

Hace años vi una película a la que he acudido repetidamente desde entonces. Se trata de *American beauty*, dirigida en 1999 por Sam Mendes y protagonizada por Kevin Spacey, Annette Bening, Thora Birch y Wes Bentley, entre otros. Hay una escena en la que uno de los protagonistas enseña a su amiga lo mejor que ha grabado nunca con su cámara de vídeo. La pantalla muestra entonces una bolsa de plástico movida por el viento junto a una pared de ladrillos rojos, y el autor comienza a hablar emocionado sobre ella:

«It was one of those days when it's a minute away from snowing and there's this electricity in the air, you can almost hear it. Right? And this bag was just dancing with me. Like a little kid begging me to play with it. For fifteen minutes. That's the day I realized that there was this entire life behind things, and this incredibly benevolent force that wanted me to know there was no reason to be afraid, ever. Video's a poor excuse, I know. But it helps me remember... I need to remember... Sometimes there's so much beauty in the world, I feel like I can't take it, and my heart is just going to cave in».[2]

---

2   *«Era uno de esos días en que está a punto de nevar y el aire está cargado de electricidad. Casi puedes oírla, ¿verdad? Y esa bolsa estaba bailando conmigo. Como un niño pidiéndome jugar. Durante 15 minutos. Ése es el día en que descubrí que existe vida bajo las cosas y una fuerza*

Cuando logramos detener la vertiginosa necesidad de saltar de un plano a otro de nuestra propia película, cuando al fin nos detenemos y la distancia con las cosas deja de calcularse en kilómetros, la apariencia de cuanto nos rodea adopta una forma menos lineal y más profunda, menos atropellada y más reflexiva, y así lo que vemos se transforma en lo que somos, lo que observamos en lo que sentimos. El margen de nuestra ya habituada forma de sentir se ensancha hasta desconocernos, pues sí pienso de verdad que detrás de cada objeto, de cada persona, de cada paisaje, hay mucho más de lo que creemos advertir tras una primera mirada. Se percibe con el cuerpo entero, no sólo con los fragmentos que imponemos a un estímulo. Mi amigo Guido me enseñó una vez a hacer bailar dibujos, simples garabatos en una hoja de papel.

Uno de los ejercicios que más favorecen el descubrimiento de nuevas formas de asistir al mundo es sustituir entre sí los sentidos ante aquello que llama nuestra atención: tratar de escuchar la música con las manos o palpar la textura de una roca con los oídos. La definición que hacemos de nuestro universo pocas veces consigue desprenderse de la manera en que otros ya lo hicieron, y hacemos nuestra una rutina de opiniones y desenlaces simplemente porque concuerda con la visión engendrada. Sólo ralentizando la inercia del tiempo entraremos en contacto con esa novedad y en el mar la lentitud en el avanzar es ineludible. Escribió María Zambrano: «El tiempo, el modo en que el hombre vive el tiempo y vive en el tiempo, depende de ese trascender inexorable. De este estar dentro de la realidad, por ella circunda-

---

increíblemente benévola que me hacía comprender que no hay razón para tener miedo, jamás. El vídeo es una triste excusa, lo sé. Pero me ayuda a recordarlo... Necesito recordarlo. A veces hay tantísima belleza en el mundo, que siento que no lo aguanto ,y que mi corazón se está derrumbando».
American Beauty, Sam Mendes, 1999

do, y de esta exigencia de atravesarla para ir ganando otras capas de realidad; y más allá de la realidad, del ser que con ella no coincide».

Y la sensación física que queda en el cuerpo es como si se ensoñara, avanzando por el tiempo de un modo diferente, como si pudiera notarse en las cosas que ve y el contorno no fuera ya cercano ni amenazador. Son actos que te golpean en una intimidad sólo tuya, una certeza que acerca la capacidad de comprender cada cosa en sí misma. Es hiriente cuando aquello ante lo que nos detenemos conmueve nuestras emociones, cuando lo que integramos desgarra una parte consciente de nuestra existencia, pero es un sentir necesario, un sentir que nos ayuda a despertar al dormilón que no quiere desproteger su conciencia acolchada y perfumada, donde el autoengaño tapia las ventanas con hormigón y pinta de negro la mirilla. Seleccionamos de manera inconsciente aquello ante lo que posamos nuestra atención creando alrededor una dura coraza ligada a nuestra sensibilidad. Son estrategias que condicionan nuestra manera de reaccionar ante estímulos similares y dolorosos, indispensables para nuestra estructura interna, pero flexibles al fin y al cabo.

Se recuerdan los días en que somos un árbol,
una planta en el monte,
hablando por los poros silenciosamente
Jaime Sabines

La duración, por tanto, subyace bajo nuestra percepción del tiempo y no avanza como avanza la continuidad de los segundos, sino que es como una memoria a la que acceder siempre. Y el rastro que queda de la subsistencia, el resultado de vivir en un plano menos social e intrascendente, otorga una medida de paz real y duradera. Hay rasgos de la personalidad atrapados bajo el peso de nuestro vivir hacia fuera, hacia la seguridad de la luz y el reloj, rasgos que desconocemos y que apuntalan sin saberlo nuestra inmediatez, nuestra fragilidad. Recuerdo uno de mis primeros años estudiando Zazen: alternaba el trabajo específico sentado sobre el zafu con meditación en movimiento, hacía Tai Chi a diario durante horas y estudié el manejo de la espada. Un día leí en un libro sobre budismo cómo realizar meditación caminando: se busca un lugar sin obstáculos y se mantiene la mirada oblicuamente en el suelo sin fijarla sobre ningún objeto, los brazos relajados y la respiración profunda. Se dan pasos cortos y muy lentos, poniendo la atención en el presente. Siempre me gustó aquella forma de interiorizar y solía practicar en la Naturaleza. Pero un día vi un maravilloso documental llamado *Baraka* en el que aparecía un monje vestido con un hábito, un sombrero que le tapaba la mirada, una campana en su mano derecha y un cuenco pegado al pecho en la izquierda. Al contrario de lo que yo había aprendido, él hacía su meditación en mitad de la acera de una calle muy transitada de Tokio. Su lentitud se imponía a la velocidad vertiginosa de todos lo que le adelantaban, creando una sensación de armonía y tranquilidad a su alrededor. Con cada toque de campana daba un pequeño paso. Lo probé alguna vez en el Paseo del Estanque del Parque del Retiro, avanzando entre una gran multitud de gente y sonidos que se agolpaban junto a mí. Extrañamente, fueron dejándome espacio y llegué al final sin que nadie me rozara, paso a paso, centrado en mi pisada y en mi respiración. Decía el gran violinista Yehudi Menuhin: «Si todos fuéramos iguales no podríamos ofrecernos nada unos a otros», y es en definitiva esa diferencia la que uno logra comprender cuando se detiene por unos instantes.

Gestión de las emociones

Jacques Mayol (1927 – 2001) fue quien introdujo las disciplinas orientales de relajación y respiración en el entrenamiento de los apneistas. Exploraba el logro de mejores resultados a través de la introspección y la búsqueda interior, especialmente con el yoga y la meditación. La respiración conecta ambas percepciones, la que tenemos del mundo exterior y la que nace de una raíz intrínseca, y es a través de la práctica yóguica como se trabaja sobre el órgano que sirve de puerta al gesto respiratorio: la nariz. El ensanchamiento de la misma guía el aire hacia lugares donde aumenta el número de terminaciones nerviosas, por tanto, incrementando nuestra capacidad fisiológica y espiritual. Para respirar correctamente es necesario saber utilizar el diafragma e incrementar su grado de flexibilidad. Se trata de un tabique fibroso que une tórax y abdomen cuyo punto culminante se encuentra entre la cuarta y la quinta costillas, y el más bajo en la vértebra L3, en la zona de la cintura (estas medidas variarán dependiendo de las personas y de los movimientos de inspiración y espiración). La respiración diafragmática no sólo es conveniente para los buceadores sino para cualquiera de nosotros, ya que, además de movilizar mayor cantidad de aire, induce a la relajación. Se divide en tres fases:

- Abdominal: llena la base de los pulmones y elimina el aire residual que suele permanecer estancado.
- Torácica: ensancha la zona intermedia separando los pulmones.
- Clavicular: la parte más alta y superficial.

Para aumentar el grado de flexibilidad del diafragma nos tumbaremos boca arriba con las piernas ligeramente flexionadas, pegaremos la zona lumbar al suelo e inspiraremos lentamente por la nariz. Recorreremos las tres secciones que hemos visto anteriormente (abdominal, torácica y clavicular) y retendremos aire a pulmón lleno. En apnea, abombaremos y encogeremos el estómago como si respiráramos profundamente. Cuando no podamos aguantar más espiraremos progresivamente por la nariz y repetiremos tres veces aumentando el tiempo de retención. Al terminar repetiremos el mismo ejercicio a pulmón vacío. De esta manera lograremos aflojar la rigidez del diafragma movilizando los ligamentos que lo unen a las vísceras y el esófago.

El control de la respiración está íntimamente ligado al control de las emociones. En un entorno tan exigente como la profundidad del océano es fundamental conocer las herramientas de las que depende nuestra supervivencia. Como hemos visto antes, una respiración correcta incide en una mayor relajación, y a través de ella las emociones se integran de un modo natural y consciente.

Las emociones alteran el pensamiento. La inteligencia emocional no busca ahogarlas ni reprimirlas sino, muy al contrario, la gestión controlada de su existir en nosotros. La forma en que uno siente es la forma en que uno vive y el significado de cuanto nos rodea dependerá de esa circunstancia. En 1980, Robert Plutchik (1927 – 2006) identificó y clasificó, en lo que llamó «la rueda de las emociones», ocho categorías básicas a partir de las cuales se originan diferentes maneras de actuar: alegría, confianza, miedo, sorpresa, tristeza, disgusto, ira y anticipación. Cada una de ellas nos ayuda a adaptarnos al ambiente en el que vivimos y pueden combinarse para producir un mayor rango de experiencias. Las emociones que están en lugares opuestos de la rueda, como la admiración y el aborrecimiento, no pueden sentirse al mismo tiempo, y todas poseen distintos grados de intensidad. Esta función adaptativa de lo que sentimos se traduce en los siguientes propósitos:

1. *Alegría*
    - Función adaptativa: reproducción
    - Emoción opuesta: tristeza
    - Grado de intensidad: serenidad–alegría–éxtasis

2. *Confianza*
    - Función adaptativa: afiliación
    - Emoción opuesta: rechazo
    - Grado de intensidad: aceptación–confianza–admiración

3. *Miedo*
    - Función adaptativa: protección
    - Emoción opuesta: enojo
    - Grado de intensidad: aprensión–miedo–pánico

4. *Sorpresa*
    - Función adaptativa: orientación
    - Emoción opuesta: anticipación
    - Grado de intensidad: distracción–sorpresa–asombro

5. *Tristeza*
    - Función adaptativa: reintegración
    - Emoción opuesta: alegría
    - Grado de intensidad: aislamiento–tristeza–depresión

6. *Disgusto*
    - Función adaptativa: rechazo
    - Emoción opuesta: confianza
    - Grado de intensidad: aburrimiento–disgusto–asco

7. *Enojo*
   - Función adaptativa: destrucción
   - Emoción opuesta: miedo
   - Grado de intensidad: molestia–enojo–ira

8. *Anticipación*
   - Función adaptativa: exploración
   - Emoción opuesta: sorpresa
   - Grado de intensidad: interés–anticipación–alerta

Dice Estanislao Bachrach, famoso psiquiatra argentino, que el 95% de los pensamientos que tendremos hoy son una repetición de los que ya tuvimos ayer y serán los mismos que tengamos mañana. El esfuerzo cognitivo para controlar las emociones y esos pensamientos es enorme, pero sólo entendiendo cómo somos entenderemos lo que nos rodea. Y lo que más nos distrae son las preocupaciones emocionales y la sensación física que éstas generan sobre el organismo. Se puede crear un lugar con el propio cuerpo, un maravilloso lugar donde estar.

Una tarde de invierno me siento con María Terente a charlar sobre el mar. Ella me enseñó a bucear con botella. Llevábamos mucho tiempo sin vernos así que nos ponemos al día: amigos comunes, trabajo, familia, pero pronto nos sumergimos en el mar, en la idea del mar y del hombre. Me dice que desde la primera vez que bajó al universo líquido encontró un aspecto muy diferente del mundo y de uno mismo y, aunque sabe que hay muchas maneras de interiorizar, siente que cuando se sumerge está realmente sola, «aunque estés con un compañero –dice–, lo único que escuchas es tu propia respiración y eso te hace ser consciente de tu propio yo; lo único que escuchas es a ti y eso es liberador, te conecta mucho contigo y con tu entorno y te hace ser muy consciente de lo pequeños que somos con respecto a todo y lo grande que es el ser humano al mismo tiempo: forma parte de todo esto. Y cuando no estás bien, sobre todo las primeras veces, cuando tu estado de ánimo no es bueno, mucha gente se angustia». Le pido que me cuente una experiencia personal en el mar que le haya marcado para siempre, pero no puedo dejar de pensar en esas emociones que parecen aflorar cuando desciendes, y cómo el hecho de no tener que defender quién eres, de formar parte de cuanto te rodea, crea una medida de paz donde permanecer. Luego vuelvo a su voz, a su gesto conmovido cuando habla de las Maldivas y las mantas gigantes nadando junto a su cuerpo, la foto sensorial que viaja con ella desde entonces y de cómo ese poso le ayuda a conocerse mejor, a tomar decisiones que se necesitan tomar, a darse cuenta de las necesidades que nos creamos, a ser más observadora y paciente, a pensar las cosas desde otra perspectiva y mejorar. «Párate –dice–, experimenta qué es lo que estás sintiendo, qué es lo que realmente quieres: todo es más intenso debajo del agua». Lo dos coincidimos en que allí se conecta con un interior que no estamos acostumbrados a visitar, otro abismo, y esa inmensidad que te contiene no diferencia entre tú y una medusa. Poco después nos despedimos con un abrazo y nos llevamos el cariño salado del otro.

El miedo

Escribía Tito Livio que el miedo siempre está dispuesto a ver las cosas peor de lo que son. Si algo oculta el fondo marino es esa emoción atávica representada a lo largo de los siglos a través de símbolos fantásticos. Lo oculto, ya sea extraño o propio, tiende a desviarnos de nuestra zona de confort, del lugar donde aparentemente controlamos los vértices de nuestra vida. Cuando sentimos miedo se activa un pequeño órgano con forma de almendra del cerebro llamado amígdala, situada en el lóbulo temporal, capaz de generar una respuesta fisiológica antes incluso de que seamos capaces de reconocer el peligro que nos acecha. Todas las emociones provocan un cambio físico en el organismo que lo prepara para afrontar esa nueva situación. El ritmo cardíaco aumenta a gran velocidad para enviar hormonas a las células, especialmente adrenalina. También aumenta la glucosa en sangre y la presión arterial. Las pupilas se dilatan para favorecer la admisión de luz y la sangre fluye hacia los músculos esqueléticos largos, especialmente las piernas, para favorecer así la huida. El cuerpo se prepara para sobrevivir deteniendo funciones no esenciales en ese momento como el sistema inmunitario o la digestión, aunque la respuesta neurótica ante un estímulo peligroso puede generar síntomas como taquicardia, temblores, pérdida del control sobre la conducta y los esfínteres.

Dos estudios publicados en 2010 en la revista *Nature* desentrañaron el funcionamiento de lo que los científicos han llamado «el circuito del miedo». David J. Anderson, del California Technical Institute, y Andreas Luthi, del Friedrich Miescher Institute, comprobaron la existencia de dos tipos diferentes de neuronas en la amígdala. El neurocientífico Wulf Haubensak, uno de los miembros del equipo de David J. Anderson, describía así su actividad: «La amígdala analiza el ambiente de forma continua en busca de estímulos que predigan el peligro. En condiciones normales, cuando no hay estímulos indicativos de peligro, los niveles de miedo son bajos, y normalmente no tenemos reacciones. Sin embargo, una vez que se produce un estímulo que indica peligro, por ejemplo un coche que te pita, una alarma de incendios que se dispara, o un timbre que suena en mitad de la noche, te asustas inmediatamente, tus pulsaciones se aceleran y tus músculos se paralizan: estás experimentando una reacción de miedo, que te prepara para defenderte de posibles amenazas. Este proceso es orquestado por la amígdala que le dice a otras regiones del cerebro que inicien estas reacciones asociadas al miedo. Lo que hemos podido demostrar es que el miedo está controlado por un microcircuito de dos poblaciones antagonistas de neuronas en la amígdala que actúan como una especie de columpio. Una población de neuronas responde inmediatamente a los estímulos que provocan temor (actuando como sensores) y la otra está activa cuando el estímulo del miedo no está presente (actuando como guardianes) y ambas controlan el envío de las señales de la amígdala a otras zonas del cerebro. Estas dos poblaciones de neuronas se inhiben entre ellas. Es decir, sólo una de las dos poblaciones puede estar activa a un tiempo, como si estuvieran en uno de los dos extremos de un balancín, alternando entre dos estados: cuando el balancín está en relajación, las neuronas sensoras están inactivas y los guardianes están activos inhibiendo la salida de señales de la amígdala. Cuando el estímulo del miedo está presente, el balancín se mueve hacia el estado del miedo, las neuronas sensoras se activan y las guardianes se desactivan, lo que abre las puertas de la amígdala y deja salir la señal al resto del cerebro».

Por tanto, el estado emocional provocado cuando sentimos miedo tiene como único objetivo la supervivencia, y eso nos conecta con la naturaleza primitiva que aún pervive en nosotros. Dice Daniel Goleman: «Si no controlas tus habilidades emocionales, si no tienes consciencia de ti mismo, si no eres capaz de controlar tus emociones estresantes, si no puedes tener empatía y relaciones efectivas, entonces no importa lo inteligente que seas, no vas a llegar muy lejos». La cadena de actitudes y comportamientos que habita tras la gestión emocional afecta a los aspectos más íntimos de cada uno, y la memoria física fija los síntomas al cuerpo de un modo positivo o negativo. En el mar, la persuasión que ejerce nuestra dinámica emocional puede originar complejos estados de ansiedad, acaso anteriores a ese momento determinado, y conectar con problemas sin resolver y conflictos irrefrenables de la personalidad. En cada persona existe la capacidad innata de absorber la belleza que le rodea, de poner la atención en la hermosura de cuanto existe, y cuando eso no sucede, cuando ese trascender encuentra un tabique que no le permite elegir, la forma en que ese individuo entenderá la realidad le alejará de su necesidad personal. A veces pienso en la urgencia de volver a la cueva y a los pastos, a la versión original del ser humano, volver a la penumbra del conocimiento, a los primeros principios, sin educación, sin modales, pues hay en el hombre moderno una falta de naturaleza, una forma cansada y dócil de presencia con la que, irremediablemente, no seremos capaces de durar. Aún siendo una metáfora, hay momentos en los que poder aislarse y recuperar parte de esa anatomía escondida –y el agua es uno de los escenarios donde sucede–, en la que las cosas son ellas mismas sin que tengamos que crearles un significado.

El castor

Contenido en diques
de madera vertebrada
donde flotas sin más horizonte
que las orillas vencidas
y fangosas,
muestras tus dientes cariados
de tanto masticar
la cautividad,
reviviendo el temor
a que se filtre tu diferencia,
tu principio de libertad
sin la cual

no eres más que otra rama
en la eterna exclusa humana.

¿Qué parte de ese miedo es propiedad de nuestras inseguridades? ¿Qué herencia nuestra crea al propio miedo? Es extraña la educación cuando conduce a los hombres al redil de una tierra donde no hay lobos.

Correr

Uno de los mejores entrenamientos aeróbicos para afrontar el ejercicio dentro del agua es la carrera. Ya que la natación es inherente al propio uso del cuerpo en un entorno marino, el *running*, como se le conoce ahora, combina el trabajo físico y mental para incrementar la resistencia muscular y emocional. Y ese avanzar de minutos y kilómetros crea en el organismo una respuesta afectiva que disimula el cansancio tras una sensación de placer, por la secreción regular de endorfinas que se traduce en un estado de euforia, felicidad y buen humor. Su práctica habitual reduce los niveles de estrés ya que provoca un descenso en los niveles de cortisol, la hormona producida por la glándula suprarrenal que se libera en sangre en estados de ansiedad. Ayuda a equilibrar el exceso de colesterol, a quemar calorías, incrementa el volumen de riego sanguíneo, tonifica los músculos y fortalece huesos y cartílagos. El cerebro, que coordina sus capacidades como respuesta a cualquier estímulo corporal, despierta el crecimiento de nuevas neuronas en un proceso denominado *neurogénesis*, y de vasos sanguíneos denominado *angiogénesis*.

Llevo corriendo desde los once años de un modo más o menos constante. En todo este tiempo ha habido temporadas en las que, por distintas razones, he tenido que variar la frecuencia del entrenamiento, pero nunca he dejado de hacerlo. He asistido a carreras populares porque te ofrecen otra perspectiva de las ciudades, pero siempre he preferido salir solo, alejarme de mi entorno habitual y correr liberado de exigencias. La práctica me ha habituado a recorrer largas distancias sin que supusiese un logro excepcional y las marcas siempre estuvieran ligadas a una necesidad adolescente, no adulta. Correr es una manera de estar solo y cuando logras integrar esa actividad en tu rutina, tu soledad no está irremediablemente escondida. Siempre me gustó ver campeonatos de atletismo ya que, habiendo practicado este deporte desde niño, soy consciente de las proezas de aquéllos que participan en la alta competición. Todos somos poseedores de una diferencia que nos concede el privilegio de ser únicos, de crecer a partir de esa distinción. Y en cada vida hay zancadas que nos relajan, que nos duelen, que nos separan y que nos elevan. Hay zancadas que huyen y que se quedan, zancadas apresuradas, lentas, cargadas y livianas. Pero todas esas huellas borradas son nuestra biografía, nuestra manera de estar en el mundo.

Corriendo aprendí a relajar mi cuerpo en pleno esfuerzo, a comprender la anatomía del movimiento antes incluso de saber el nombre de los músculos que participan en él, a crear hábitos saludables de entrenar, a aumentar la capacidad de sufrimiento y de soledad. Corriendo aprendí a sentir las distancias y un lenguaje de igualdad y pertenencia.

El 19 de septiembre de 1922 nació en Koprivnice (Checoslovaquia), uno de esos hombres que marcó la Historia de este deporte y que inspiró a grandes corredores de generaciones posteriores. Se llamaba Emil Zátopek y fue conocido como la «locomotora humana». Yo nací el mismo día pero muchos años después y sólo he podido verle correr en viejas grabaciones en blanco y negro que, por suerte, han sido restauradas. Corría con un estilo agónico y descontrolado, moviendo su cabeza como si se le desencajara, la boca abierta y el rostro marcado por una honda expresión de sufrimiento. Fue el sexto de siete hijos de una humilde familia obrera. A los 16 años comenzó a trabajar en la fábrica de calzados Bata y, dos años después, participó en la carrera anual que organizaba la empresa y a la que se presentaban todos los jóvenes de la localidad. Sin haber entrenado nunca quedó segundo y aquello le animó a seguir corriendo. Durante los años de ocupación nazi fue cosechando éxitos deportivos y, al finalizar la guerra, se alistó en el ejército hasta lograr el grado de coronel. Tras cumplir con sus obligaciones diarias entrenaba por las noches, alumbrándose con una vieja linterna y calzado con las inconfundibles zapatillas rojas que seguían proporcionándole sus compañeros de la fábrica. En los Juegos Olímpicos de Londres 1948 ganó la medalla de oro en los 5000 y los 10000 metros pero fue en los de Helsinki, cuatro años más tarde, donde lograría una hazaña jamás repetida.

Su método de entrenamiento era extremadamente duro y solía incluir 800 kilómetros al mes. Estaba basado en los intervalos, un método revolucionario para la época que consistía en numerosas repeticiones de distancias cortas (unos 400 metros) a un ritmo rápido con breves descansos corriendo a menor ritmo. Por el aislamiento político del bloque comunista, en Occidente no se conocía esta técnica que permitía mejorar la velocidad y la resistencia en carrera. En Helsinki ganó de nuevo la medalla de oro en los 5000, los 10000 y además la Maratón. Nunca antes había corrido los 42 kilómetros y lo hizo con una marca de 2.23.03. Aquello le encumbró como héroe nacional y el régimen comunista le usó como arma propagandística y le sometió a una estricta vigilancia. No podía competir en pruebas internacionales ante el temor de las autoridades de que desertara y sólo se le permitía participar en campeonatos oficiales. Él era un hombre humilde y callado que aguantó aquel sometimiento con una sonrisa.

Tras la «Primavera de Praga» rechazó públicamente la invasión soviética y aquello le costó su cargo en las Fuerzas Armadas y los privilegios de su estilo de vida y su fama. Fue desterrado a Jáchymov, al noroeste del país, donde trabajaría durante seis largos años en una mina de uranio. Después pudo volver a Praga donde fue basurero. Seguía siendo una persona venerada y muy respetada por los ciudadanos de su país; cuando le reconocían limpiando las calles, le ayudaban en su tarea. Con los cambios políticos del país Emil Zátopek fue condecorado al fin en 1997 con las más altas distinciones. Murió en el año 2000 a los 78 años de edad.

Fisiología

La adaptación fisiológica que necesita el organismo para desarrollar una respuesta a un tiempo prolongado de inmersión es sorprendente. Cuando descendemos a una determinada profundidad, el deseo por respirar es una consecuencia directa de la acumulación de dióxido de carbono. El cuerpo está sometido a una presión que no sufre en la superficie y que provoca que las paredes del tórax se reduzcan considerablemente. El volumen residual de los pulmones es la cantidad de aire que queda tras una espiración completa, y marca el límite para el buceador. Si intenta bajar más allá, los vasos sanguíneos pueden romperse por la diferencia entre la presión arterial y la del aire. Cuando descendemos, el agua ejerce una presión sobre las cavidades de nuestro cuerpo; al aumentar la presión, los gases internos se van comprimiendo a causa de la falta de volumen. La ley de Boyle dice que la presión ejercida por una fuerza física es inversamente proporcional al volumen de una masa gaseosa, siempre y cuando su temperatura se mantenga constante. Lo mismo sucede cuando ascendemos: en este caso se reduce la presión del agua y el cuerpo recupera su volumen inicial. Por eso es fundamental liberar el aire durante la subida para que el volumen de gas en los pulmones no aumente progresivamente. Si no lo hacemos se puede producir un neumotórax o una embolia.

Durante la inmersión se reduce la frecuencia cardíaca produciendo un estado de bradicardia, un ritmo lento e irregular de menos de 60 pulsaciones por minuto. La temperatura del agua incrementa los efectos sobre el sistema cardiovascular debido a una vasoconstricción periférica (las ballenas, por ejemplo, pueden reducir en un 90% sus latidos en apnea).

El tejido humano consume oxígeno (O_2) y produce dióxido de carbono (CO_2). A través de la respiración recicla los niveles del aire para mantener alta la concentración de O_2 y baja la de CO_2. Pero durante la apnea desciende la primera (hipoxia) y aumenta la segunda (hipercapnia). Antes de supeditar al cuerpo a cualquier tipo de exigencia respiratoria, el buceador se ha sometido a un duro entrenamiento de la musculatura inspiradora y espiradora y de flexibilidad pulmonar. Como consecuencia de esa hipoxia prolongada de los apneistas, la eritropoyetina (EPO), la hormona producida por el riñón cuya función es mantener constante la concentración de glóbulos rojos en sangre, tiene mayor presencia en el organismo y por tanto facilita la capacidad de almacenar más O_2.

Una vez se ha conseguido aumentar y almacenar el oxígeno será necesario gestionar al máximo su consumo para prolongar así el tiempo de la inmersión. Aquí entran en juego técnicas como la meditación o el yoga que reducen en un 30% ese consumo. Durante los minutos que preceden al descenso se logra entrar en un estado de conciencia a través del cual se consigue disminuir la actividad metabólica del cuerpo. La mente deja de abastecerse de pensamientos y se vacía de contornos. Se une a todo cuanto es y es extraño cuando la intimidad de uno se expande hacia todo. Durante los primeros metros del descenso el cuerpo activa el reflejo de inmersión. El cerebro envía la señal de bradicardia para reducir el gasto de oxígeno, comprime las arterias menos importantes y dirige la sangre a los órganos vitales. Tras medio minuto, a unos 30 metros de profundidad, se pierde la flotabilidad y el buceador cae libremente (aproximadamente 1 metro por segundo) y la sangre se concentra en el tronco y la cabeza (*blood shift*). A medida que aumenta la profundidad la hipercapnia causa contracciones involuntarias del diafragma y sensación de asfixia; de ese modo ayuda al corazón a bombear más sangre y protege al cerebro de isquemia (insuficiencia sanguínea). Las técnicas de compensación evitarán un barotrauma, un posible daño en el oído debido a la diferencia de presión entre la parte interna y la parte externa del tímpano.

La doctora Ericka Schagatay demostró que, cuando el cerebro no recibe suficiente riego sanguíneo, el bazo de los apneistas libera al organismo hasta 600 ml de glóbulos rojos que almacena, lo que les puede suponer otros 40 segundos de tiempo complementario. Durante el ascenso el trabajo muscular y la necesidad de generar energía inducirán la producción de una elevada cantidad de ácido láctico y un descenso del Ph del músculo (acidosis láctica), lo que supondrá un doloroso esfuerzo mientras se tira del cabo guía para subir. Una vez en la superficie se realizarán respiraciones de recuperación. La hipoxia provoca que, durante los primeros instantes, toda la sangre que pasa por los pulmones vaya directamente al cerebro para su recuperación. En competición, el buceador ha de mostrar plena conciencia, control sobre sus funciones motoras y hablar para decir que está bien en pocos segundos.

El buceo a pulmón libre tiene muchos beneficios derivados de su práctica. De la misma manera que uno necesita una preparación específica para ascender una montaña o correr una maratón, el mar exige una condición física y mental completas. Podremos aplicar el residuo orgánico y espiritual que genera a nuestra vida diaria, no simplemente como experiencia que habita en la memoria, sino como abismo personal y de conducta.

Guillermo y yo quedamos al lado del Teatro Monumental de Madrid, en una cafetería estrecha donde no molesta el sonido de la televisión. Es una mañana lluviosa de un jueves de mediados de abril. Guillermo Collazo tiene 31 años y toca por semanas la tuba en la orquesta de Radio Televisión Española cuya sede está precisamente en el antiguo teatro de la calle Atocha. Hoy tienen ensayo general, pero él descansa la primera parte. Luego tocarán la Segunda de Brahms y yo tendré el privilegio de poder escucharla. Su relación con el mar comenzó cuando era niño; nació en una pequeña aldea de Pontevedra llamada Salcedo y veraneaba en la zona de Sanxenxo, la Marbella gallega que llamaban cuando no estaba tan masificada. Ahora es distinto, el hormigón es una lengua que llega a casi todas partes. Como tantos otros niños se pasaba el día en el agua y poco a poco fue creando una relación muy estrecha con ella: inventaba sus propios artilugios de pesca con redes viejas, alambres y palos de escoba, y con las ballestas de los paraguas hacía sus arpones. La curiosidad le llevaba a tocarlo todo, a investigarlo todo, a envenenarse con las anémonas y a pincharse con los erizos. La experiencia le mostró desde muy pronto cómo debía comportarse en el mar.

Guillermo practica la pesca sostenible en apnea y su preparación empieza la noche anterior. Primero comprueba las mareas y la previsión de viento con los períodos de la ola. Prepara el equipo con atención y lo verifica varias veces. Cena poco, se hidrata cuanto puede y descansa desde muy temprano. Cuando se levanta busca las sensaciones corporales que le aseguren que puede realizar inmersiones ese día. Va hasta la playa o el acantilado elegido y se cambia mirando el océano, se ajusta el neopreno y conecta con esa energía que él llama primitiva. La respiración se va relajando mediante ejercicios que repite de manera automática: «Por mi condición de músico de viento el acto respiratorio es algo fundamental para mí. Tengo que ser muy eficiente con el uso del aire. Yo tengo una serie de ejercicios que utilizo para tocar y que me sirven para ventilar y oxigenar la sangre antes del buceo. Por ejemplo, me pongo a un pulso de 60 e inspiro en 10 y suelto en 10, aumentando progresivamente el número de pulsos hasta llegar a 20. Así consigo tener más control sobre la respiración y flexibilidad en las costillas. De esta manera he logrado tener una capacidad pulmonar de 7 litros y medio. El sonido se propaga en el agua con mayor facilidad y, cuando desciendo, puedo oír mi corazón bajando de pulsaciones lentamente; si algo me asusta, si por ejemplo pasa una lancha demasiado cerca, siento cómo se acelera y tengo que ascender para respirar». Siempre va con un compañero con el que está en total sincronía. Luego desciende, un minuto y cuarenta segundos aproximadamente, y sólo pesca aquello que vayan a comer él y su familia, ejemplares grandes, de temporada y en zonas permitidas, nunca piezas pequeñas o prohibidas. Llegó a bajar hasta 20 metros aunque suele moverse en los 10 metros de profundidad. Su vida personal y profesional están unidas por el océano; sin él, sin la repetición de esos actos bajo el agua, no sería la persona que es.

Meditación[3]

Uno sumerge su vida entera cuando baja en apnea, sumerge sus alegrías y sus frustraciones, sus problemas sin resolver, sus deseos, sus miedos, sumerge cada uno de los fragmentos que le hacen ser quien es. A veces el impacto que tiene ese peso sobre el cuerpo y la mente pueden afectar intensamente cuando estamos realizando un descenso. La práctica meditativa pretende devolver el estado natural de la funciones que dirigen al organismo, su forma original.

Mi experiencia personal comienza cuando contemplo por primera vez el mar, sin confrontación, como si la naturaleza del hombre fuera igualmente líquida y profunda. Yo no vivo en la costa; supongo que para todos aquellos que sí lo hagan será un paisaje cotidiano, pero a mí siempre me conmueve ese encuentro con el planeta azul. Entonces sucede algo que sólo ocurre cuando estoy ahí, en ese instante de soledad: una nostalgia que emerge lentamente. Hay más de uno mismo en el silencio que en las palabras, más verdad en lo no dicho que en el diálogo, como si en la intimidad que no se comparte se escondiera la certeza de cada persona. Me siento y miro la distancia que me separa del horizonte, escucho, huelo, y todo me convence de que pertenezco a este lugar. Se apaga la parte de mí que vive en el ruido del día a día (aunque mi día a día no sea especialmente ruidoso), la que ha de preguntarse a veces si es realmente así como quiero vivir. Paso el tiempo siendo cada vez más simple hasta que al fin entro en el agua. Mi peso es mi respiración, avanzo hasta que mis pies dejan de tocar la arena o la roca y me sumerjo

---

3 En este sentido recomiendo mi libro, *Mindfulness meditación para gente de alto rendimiento*, publicado también por editorial Kolima.

dejando un pequeño rastro de espuma que pronto desaparece.

Hay una forma de meditación en la presencia y en el uso diario de nuestras capacidades, una forma de estar en el mundo, pacífica y equilibrada. Nos acompaña en cada acción que realizamos, en las pequeñas cosas que conforman nuestra rutina, en el mirarse en los que nos miran. Es una actitud que deja un poso en las personas acostumbradas a ello y ven en lo mínimo la vida entera. Avanzar así nos aporta una serenidad que no está ni mucho menos exenta de energía y de fortaleza, ya que nace de un centro que seremos capaces de reconocer como se reconoce el contorno de una mano o un escalofrío.

Hay una forma de meditación en la intimidad de uno, cuando nos sentamos en silencio y encontramos un profundo estado de conciencia. Es un hábito que la mente recupera a diario y que nos conduce a una perfecta simplicidad: sentados con las piernas cruzadas, la espalda erguida y la respiración pelágica, vacíos de todo para ser nada y en esa nada completarnos con todo. Durante la práctica nuestro cuerpo recupera la parte de sí mismo que a veces contemplamos como si no fuera nuestra, la persona que somos y que deambula bajo el manto de la vida que vivimos día a día.

> *Me dije a mí misma:*
> *piensa como un pájaro que construye su nido,*
> *piensa como una nube,*
> *como las raíces del abedul enano,*
> *piensa como piensa una hoja de un árbol,*
> *como piensan la sombra y la luz*
>
> Inger Christensen

Y hay una forma de meditación anterior a sumergirnos en el agua, anterior a nosotros mismos, cuando flotamos en la superficie del mar y nuestro sistema se ralentiza, poco a poco, abandonando todo cuanto nos sobra. El cuerpo acude a esa biblioteca de sensaciones que ha acumulado con la práctica diaria y reconoce enseguida la serenidad, la paz interior y la lentitud. Siento, en ese estado del Ser, que todo tiene sentido y que la sutura del hombre con el mundo depende íntimamente de su capacidad para conectar con sus emociones. Abandonado a ese instante donde la orilla está lejos y las ciudades no te contienen, donde la edad no se mide en años ni en logros, donde sólo recuerdo el hecho en sí de respirar, respirar.

Umberto Pelizzari, el gran apneista italiano, declaraba en una entrevista: «El objetivo del yoga es permitir al practicante fundirse en el mundo que le rodea, se trate de agua o aire y de despertar facultades vitales atrofiadas hoy en día. Para el apneista la facultad inconsciente más importante es la del reflejo de inmersión. Este reflejo desencadena en nuestro cuerpo unos fenómenos fisiológicos, favorables para la apnea, como la reducción del ritmo cardíaco, la disminución de la presión sanguínea y una tendencia a la relajación muscular».

El reflejo de inmersión, que ya nombré antes y que es uno de los aspectos fisiológicos más interesantes del buceo a pulmón libre, se activa cuando el rostro entra en contacto con agua a una temperatura inferior a 21 grados provocando un descenso inmediato del ritmo cardíaco; los vasos de las extremidades se contraen a la vez que aumenta la tensión sanguínea. Unos receptores ubicados en los pómulos envían señales al cerebro cuando se mojan poniendo en marcha toda una serie de respuestas cuyo objetivo es reducir el consumo de oxígeno y derivarlo a los órganos más vitales del organismo. En los niños pequeños este reflejo está mucho más desarrollado.

La meditación incrementa los beneficios de todos los aspectos fisiológicos que se ponen en funcionamiento cuando buceamos ya que, con su práctica, el cuerpo recupera sensaciones originales que posee. La memoria corporal, lo que queda fijado en nuestra organismo de manera permanente, tiene dos vertientes: la memoria emocional y la inteligencia kinestésica. En la primera, las emociones son los cimientos de la percepción, menos conscientes pero igualmente necesarias. En 1911 Édouard Claparède, neurólogo suizo especializado en psicología infantil, demostró a través de un conocido experimento cómo un recuerdo doloroso queda fijado en la memoria sensorial aunque se pierda la memoria reciente. Una paciente tenía lesionado el hipocampo, sede de la memoria y el aprendizaje, y sufría problemas de amnesia. Conservaba viejos recuerdos y la capacidad para razonar, pero no eventos recientes. Cada vez que se veían, el Dr. Claparède tenía que volver a presentarse ya que ella no recordaba su rostro. Un día colocó un alfiler entre sus dedos al darle la mano y ella se lastimó retirando la suya por el dolor. En su siguiente sesión volvió a saludarla extendiendo la mano; ella no le reconoció pero sí sintió aquello como una amenaza y retiró la suya. El cerebro percibe como sensaciones los síntomas corporales que acompañan a las emociones.

La segunda, la inteligencia kinestésica, Howard Gadner, profesor de la Universidad de Harvard que formuló la teoría de las inteligencias múltiples, la define como «la habilidad para utilizar el propio cuerpo, para expresar una emoción (la danza), para competir en un juego (el deporte), para crear un nuevo producto (el diseño de una invención), que constituyen las características cognitivas de uso corporal».

La repetición de diferentes actitudes nos permite desarrollar actividades asociadas a los sentidos hasta convertirlas en algo habitual, integrándolas en nuestro sistema cotidiano y en nuestros comportamientos.

Pelizzari describe así su autonomía en apnea: «Desde la profundidad de cien metros o más, de cabeza al abismo, el latido del corazón se vuelve más lento, el cuerpo desaparece y todos los sentimientos toman una nueva forma. Lo único que queda de nosotros es el alma. Tomamos un salto largo hacia el alma, que parece absorber el universo. Cada vez que asciendo estoy haciendo una elección: es a mí a quien re-descubro en mis dimensiones humanas, metro a metro, para llegar a ver la luz de nuevo. A menudo sucede que me preguntan, ¿qué hay que ver en lo profundo del mar? Tal vez la única respuesta posible es que uno no desciende de esta manera para mirar alrededor, sino para buscar en su interior. En la profundidad me busco a mí mismo. Se trata de una experiencia mística rozando lo divino. Así que, en el fondo estoy inmensamente solo pero en mi interior parece como si toda la Humanidad estuviera conmigo. Es por ser humano que supero los límites que nos imponemos a nosotros mismos y el buceo nos hace uno con el mar y su entorno. Es aquí donde me hago uno con el mar y descubro mi verdadero yo».

Como meditador he podido sentir muchas veces esa solitaria totalidad, la sensación de percibir por un instante un vasto conocimiento de mí y de la condición humana. Cada vez más gente se está interesando por ese conocimiento personal, cada vez más personas están dando un paso atrás para mirarse con perspectiva hallando respuestas en el silencio, certeza en la falta de explicaciones. Hemos visto cómo podemos modificar nuestra capacidad sensorial y por qué hacerlo. Las sensaciones no dejan de tener un efecto constante sobre el cuerpo, y nuestra decisión personal, nuestra responsabilidad, es determinar qué percepción o evocación del mundo tendremos.

Historia

Desde el origen de nuestra especie el hombre ha practicado el buceo a pulmón libre. La necesidad de sobrevivir le llevó a extender sus límites más allá de la seguridad de las orillas, aprendiendo a contener la respiración y a reconocer sus síntomas. Muchas tribus indígenas siguen utilizando métodos ancestrales de pesca, pero los primeros escritos que atestiguan la existencia de recolectores de perlas, esponjas y corales, son de Herodoto, Aristóteles y otros filósofos griegos. El poeta Oppian describe la técnica de los recolectores de esponjas que usaban como lastre una piedra atada a una cuerda. Cuando necesitaban ascender tiraban de ella y el barquero que les acompañaba tiraba con fuerza de ellos hasta la superficie.

Uno de los casos más sorprendentes y que se remonta a 2000 años a.C. son las AMA, las buceadoras japonesas encargadas de sacar ostras mientras los hombres pescan mar adentro. A las jóvenes se las conoce como «Kachido» quienes descienden hasta los 7 metros una media de 30 veces al día. Con el tiempo se convierten en «Funado», cuando ya dominan la técnica y pueden descender hasta 25 metros en inmersiones superiores al minuto y medio.

Uno de los grandes héroes de este deporte fue el griego Yorgos Haggi Statti. En 1911 una embarcación de la armada italiana llamada *Regina Margherita* perdió el ancla y la cadena de fondeo a causa de una enorme tormenta. Tras la muerte de uno de los tres buceadores que intentaban descender los 77 metros para recuperarla, el capitán decidió contactar con un grupo de pescadores de esponjas locales de fama excepcional ofreciendo una recompensa a quien lo lograse. Uno de ellos era Yorgos Haggi Statti, un tipo enclenque y enfermo que aseguró poder descender los 77 metros y recuperar el ancla. Al ver su aspecto, el capitán ordenó a los doctores del barco que le realizaran un examen completo. Éste fue el informe final: «Capacidad vital normal. Circunferencia de tórax: 92 cm, 98 cuando inspira, y 80 al exhalar. Pulso: entre 80 y 90 por minuto; de 20 a 22 respiraciones/minuto, peso: 60 kg, altura: 1,75 m. Tiene enfisema pulmonar». Aquel día Yorgos descendió tres veces hasta los 77 metros, localizó el ancla, ató un cabo y logró que se recuperara.

Durante la Segunda Guerra Mundial, cuando aún no existían los equipos necesarios, muchos hombres eran entrenados para bucear grandes distancias en busca de minas y explosivos submarinos. Pero la Historia de la apnea deportiva comienza en 1949 con Raimondo Bucher, un capitán italiano de la fuerza aérea que ganó una apuesta descendiendo hasta los 30 metros y entregando a otro buzo la prueba de que había logrado descender a dicha profundidad. A partir de entonces la lista de récords mundiales es interminable.

Modalidades

- *Peso constante:* el buceador desciende con el lastre que él decida, pero el ascenso ha de realizarlo con ese mismo peso. No se permite el uso de plataformas de descenso ni de globos elevadores; sólo puede subir a la superficie usando las aletas.
- *Peso constante sin aletas:* las mismas reglas que con peso constante, a excepción de que la natación debe realizarse sin ayudas. Esta disciplina es la más joven de las modalidades dentro de la apnea competitiva y está reconocida desde 2003.
- *Inmersión libre:* el apneista realiza la inmersión con su propia fuerza sin el uso de equipos de propulsión, aunque está permitido tirar del cabo guía.

- *Peso variable:* descenso con la ayuda de un «trineo» con un lastre máximo de 35 kg para el descenso. Vuelven a la superficie dejando el lastre abajo y pudiendo tirar del cabo guía.
- *«No limits»:* es la disciplina más peligrosa de todas ya que cualquier cosa está permitida para lograr bajar más, con la cantidad de peso que deseé el buceador y pudiendo utilizar globos hinchables que aumentan la velocidad. La capacidad de descompresión es fundamental para que no se rompan los tímpanos.
- *Estática:* aguantar la respiración el mayor tiempo posible, bajo el agua o en la superficie con la cara sumergida.
- *Dinámica con aletas:* distancia recorrida en una sola respiración. El apneista realiza la inmersión con su propia fuerza.
- *Dinámica sin aletas:* distancia recorrida en una sola respiración sin ayuda de propulsión.

Récords

La lista de récords mundiales suele ser bastante variable y difícil de actualizar pero, a día de hoy, éstas son las mejores marcas en las distintas modalidades de buceo a pulmón libre:

- *Peso constante sin aletas*
  Masculino: 101 m/William Trubridge/16-12-2010/Blue Hole, Bahamas
  Femenino: 70 m/Natalia Molchanova/15-05-2014/Blue Hole, Dahab

- *Peso constante con aletas*
  Masculino: 128 m/Alexey Molchanov/19-09-2013/Kalamata, Grecia
  Femenino: 101 m/Natalia Molchanova/23-09-2011/Kalamata, Grecia

- *Apnea dinámica sin aletas*
  Masculino: 226 m/Mateusz Malina/09-11-2014/Brno, Republica Checa
  Femenino: 182 m/Natalia Molchanova/27-06-2013/Belgrado, Serbia

- *Apnea dinámica con aletas*
  Masculino: 281 m/Goran Čolak/28-06-2013/Belgrado, Serbia
  Femenino: 237 m/Natalia Molchanova/26-09-2014/Sardinia, Italia

- *Apnea estática*
  Masculino: 11 min 35 s/Stéphane Mifsud/08-06-2009/Hyères, Francia
  Femenino: 9 min 02 s/Natalia Molchanova/29-6-2013/Belgrado, Serbia

- *Inmersión libre*
  Masculino: 121 m/William Trubridge/10-04-2010/Blue Hole, Bahamas
  Femenino: 91 m/Natalia Molchanova/21-09-2013/Kalamata, Grecia

- *Peso variable*
  Masculino: 145 m/William Winram/03-09-2013/Sharm el- Sheikh, Egipto
  Femenino: 127 m/Natalia Molchanova/06-06-2012/Sharm el-Sheikh, Egipto

- *No Limits*
  Masculino: 214 m/Herbert Nitsch/14-6-2007/Spetses, Grecia
  Femenino: 160 m/Tanya Streeter/17-8-2002/Turks y Caicos

El caso de Natalia Molchanova es muy singular ya que comenzó a practicar apnea deportiva a los 40 años de edad. Llevaba haciéndolo 14 y, durante ese tiempo, ha sido 22 veces campeona del mundo y batido 40 récords mundiales. Tomó la decisión de empezar cuando sus dos hijos ya eran mayores pues necesitaba encauzar toda la energía que le quedaba. Aseguraba que lo más importante para la práctica de la apnea es saber relajarse y que tal vez un deportista entrado en años tuviera por ello más ventaja. Francisco Verjano afirma algo similar en su libro *El hombre subacuático: manual de fisiología y riesgos del buceo*: «En el buceo cabe considerar los aspectos técnicos como apreciables, pero una buena condición física se considera indispensable para su práctica. En general, podemos decir que una buena higiene de vida tiene su traducción en una gran longevidad deportiva. No está de más recordar que Jacques Mayol estableció el récord mundial de profundidad en apnea a la edad de 56 años y que, J. Y. Cousteau seguía buceando con sus bien rebasados 70 años».

Mientras el cuerpo pierde la exigencia física asociada a la supervivencia, gana en madurez y conocimiento. La fortaleza y la explosividad de la juventud se van moderando y parecen integrarse en una forma de sentir desde otro foco esas condiciones físicas y mentales. El deporte ha sido parte fundamental de mí vida desde que tengo memoria. Mis padres estaban vinculados de manera profesional a ese mundo y en el hogar vivía el ejercicio como parte importante de nuestras actividades. Nunca me dediqué a la competición seriamente pero he sido una de esas personas con facilidad para afrontar disciplinas deportivas muy distintas entre sí. Con los años entendí que el esfuerzo es un lugar donde también se puede disfrutar, una forma de conocerse, y que el sufrimiento asociado a él es otra forma de presencia. Hace pocos días charlaba con Iván Beltrán, licenciado en INEF y profesor en el mismo centro Go Fit donde imparto clases de yoga y Pilates, mientras contemplábamos cómo empezaba a llover con fuerza tras la ventana. El grupo de alumnos que debía salir al aire libre a ejercitarse se agolpaba en la puerta mirando el cielo gris con recelo y él me dijo algo entonces, algo en lo que estoy completamente de acuerdo: «Es ahora cuando se sale a hacer ejercicio, cuando los verdaderos deportistas se calzan las zapatillas y echan a correr, porque a quien ama de verdad el deporte no le importa si llueve o hace sol. Lo necesita».

Mi editora, Marta Prieto, me manda inesperadamente un mensaje al teléfono en el que me dice que Natalia Molchanova ha muerto hace dos días en aguas de Formentera. Tenía 53 años y a día de hoy su cuerpo no ha aparecido. Mientras preparaba la escritura del libro traté de contactar con ella para entrevistarla pero fue imposible. Me sobrecoge la idea. He querido dejar tal y como estaba la redacción de estos últimos párrafos, como si vagar por el océano profundo fuera otra forma de presente y ella hubiera logrado al fin esa eterna manera de bucear.

En femenino

El agua está inexorablemente asociada al principio femenino de la vida. El agua como inicio, como reproducción. Tal vez ese pasado común en el que un dominio líquido dentro de la madre que nos albergaba perviva en nosotros toda la vida. La edad, que es esa distancia que nos separa de nuestro origen, parece preservar la sensación primaria que nos contenía. Dicen que la mujer es agua viva y María Zambrano expresaba así su diferencia con lo masculino: «La mirada en que la mujer se mira a sí misma es distinta de la análoga del varón. Es esencial a la vida humana el necesitar saberse o saber algo de sí misma; pero el hombre adquiere ese saber casi siempre en forma de idea, de definición (la definición es la forma más viril de conocimiento), mientras la mujer suele verse desde dentro, sin definición, de modo directo, prescindiendo del personaje que el hombre necesita crear para verse vivir. Es muy masculino verse vivir desde una idea o desde un personaje; femenino el verse vivir desde adentro, como si la mirada saliera de un centro situado más allá del corazón, pero entrañable siempre». Es en esa hondura del mar donde encontramos la falta de definición y de idea, un desarrollo menos intelectual de nuestra manera de ser y una fusión de nuestra experiencia vital con el entorno líquido, sin palabras, sin rigidez.

En 2007, Mandy Shackleton, una científica del Centro de Ciencias Marinas de la Universidad de Hull (Reino Unido), realizó un interesante estudio en el que afirmaba que las mujeres son mejores buceadoras que los hombres. Durante dos años observó a más de 500 buceadores de distintas nacionalidades en las costas de Kenia. Las mujeres demostraron ser más calmadas, menos agresivas y más conscientes del entorno y de la seguridad de sus compañeros: «Se orientan mejor, tienen una gran conciencia de lo que sucede a su alrededor», afirmaba Mandy. Los hombres, sin embargo, corrían demasiados riesgos, mostraban una clara tendencia a la ostentación y una reacción hormonal en cadena que provocaba una pérdida del control de su flotabilidad con más facilidad: primero cortisol, la hormona del estrés, después testosterona, ligada a la agresividad y por último adrenalina. «La combinación de estas tres hormonas degenera en una práctica del buceo errática y peligrosa... Los hombres deben relajarse y desarrollar buenas técnicas de respiración para mantener el control y minimizar el daño cuando bucean», concluía.

Aunque esta generalización pueda estar vinculada a determinados estándares de población, no deja de suponer una teoría sobre las diferencia emocionales y naturales entre hombres y mujeres. Se ha demostrado que los accidentes son más frecuentes entre las mujeres cuando sufren alteraciones hormonales, ya que están vinculados a la intranquilidad, el cansancio, la pérdida de atención y la ansiedad.

Karla Méndez ostenta varias récords nacionales en su país, Venezuela, y continúa en activo compitiendo en las más prestigiosas pruebas internacionales. Su visión del buceo en apnea muestra ese nivel elevado de atención y conciencia: «La mejor experiencia buceando a pulmón es toda aquella en la cual no te preocupas por respirar, en la cual disfrutas de la fauna que te rodea como tiburones, barracudas, pulpos, calamares, delfines, y tratas de estar en su medio sólo disfrutando el mundo bajo el agua, sin búsqueda de una profundidad, tiempo, marca o ganar una competición. En una de ellas estaba tan relajada y disfrutando la inmersión sin buscar un número o una marca, que alcancé a romper un récord mundial sin buscarlo. A nivel no competitivo tiene fines terapéuticos; el sólo hecho de estar en el medio marino y poder disfrutar de unos hermosos corales y de la fauna marina sin tener que descender grandes profundidades, es un medio de relajación, ejercitación física y desarrollo de la capacidad pulmonar. Cuando estoy bajo del agua siento que estoy en otro mundo y disfruto de cada detalle que hay en él. Es único y simplemente extraordinario, lleno de una gran vida, desde hermosos arrecifes de corales hasta pequeñas criaturas casi imperceptibles al ojo humano. He aprendido que sólo los que conocemos el buceo libre sentimos y disfrutamos sensaciones y experiencias únicas, que existe todo un mundo bajo del agua, que cada especie forma parte de un ecosistema y que debemos conservar los mares y evitar la contaminación, la sobrepesca, que el mar merece todo nuestro respeto y debemos conocer sus condiciones y peligros antes de sumergirnos en él. He aprendido que es un medio en el cual me siento libre».

Los aspectos femeninos que se oponen naturalmente a lo masculino están relacionados íntimamente con la maternidad y esa memoria emocional impenetrable para el hombre. El código genético es prácticamente el mismo entre unas y otros, aunque los rasgos de la personalidad y las emociones parezcan a veces tan alejados. La concepción, sin embargo, nos contiene a todos, es el origen de toda consecuencia de vida. Y en algún momento hay en nosotros una necesidad de regresar a un comienzo en ocasiones olvidado, como si la crianza de uno mismo tuviera que terminar con la madurez y ya no nos permitiéramos sentir los primeros principios de la condición humana. El agua es un vehículo de purificación en muchas culturas, el renacer a un cambio de conciencia, de visión, una dermis que nos renueva.

Cuando conocí a Marina Perezagua sentí que había sido tallada con un cincel de agua, una mujer capaz de descender a 40 metros de profundidad y con un registro de más de 5 minutos en apnea estática. Su pasión por el mar le ha llevado a cruzar el Estrecho a nado en un tiempo de 3 horas y 56 minutos. Marina es escritora, ha publicado dos libros de relatos (*Criaturas abisales* y *Leche*) y una novela *(Yoro)*. Hablé con ella por Skype porque vive en Nueva York y la posibilidad de vernos se demoraba mucho en el tiempo; la conversación fue más parecida a un reencuentro que a una entrevista, más a una consecuencia. «Cuando buceo siento cómo se para el tiempo –dice con una voz que sonríe–, cómo se dilata; no hay nociones temporales. Es un nivel de conciencia muy corporal, es simplemente escuchar el cuerpo ya que no lo escuchamos nunca. En nado a larga distancia yo necesito hacerme 10 kilómetros como mínimo para sentir lo que en apnea logro en 5 minutos, ese entrar en 'la zona' que llaman en las largas distancias cuando desaparece el tiempo y te sientes inmortal».

Me interesan los rasgos femeninos de su actividad acuática, que la diferencia como mujer. «En mi novela hay una escena en la que la protagonista está embarazada haciendo apnea estática en una piscina y, en ese momento, piensa que no es ella la que está embarazada sino que es la que está en un útero por el agua que la rodea. Algo tiene que tener el volver al agua que te hace sentir tan bien y como mujer tal vez estemos más cercanas a ese sentimiento».

La necesidad personal de defender el buceo libre como algo terapéutico me ha llevado a preguntar a muchos apneistas si están de acuerdo, si ellos sienten esa positividad en sus vidas a raíz de la práctica: «Me ha cambiado absolutamente. Yo era una persona que lo tenía que controlar todo y así no disfrutaba del día a día. Con la apnea, con la natación, con cualquier deporte de agua, los problemas los dejo en la tierra, valoro ese momento y no hay nada más. Empecé a valorar que en el agua todo se detenía y era vivir una brazada y luego otra y otra y, poco a poco, lo fui llevando a la tierra. Supe que si era capaz de hacer eso en el agua y desprenderme de tanta ansiedad (yo tenía ataques de pánico continuos), podía traerlo aquí y hace 5 ó 6 años que no tengo ninguno. Pasé por psiquiatras y psicólogos; todo vino a raíz de la muerte de mi mejor amiga, que era como mi hermana, y entré en una depresión terrible, y esto me salvó, lo que no pudo hacer ningún médico. Por eso cuando me hablan del peligro me da mucha pena, porque a mí me salvó la vida».

La charla se hace muy corta, aquí es de noche. Pero al otro lado del mar queda mucho día y Marina en él. Nos deseamos suerte con los libros, con nuestras vidas. Pongo algo de Keith Jarrett, la mejor manera de que se desvanezca esta conversación.

IV. La muerte y el mar

En 2001 Joaquín López salió de su casa a buscar algas a la playa de Russian Gulch, en el condado de Mendocino, California. La playa está situada en el Russian Gulch State Park, una enorme extensión de bosques y cascadas que desemboca en unos altos acantilados sobre el Pacífico. Con marea baja es muy común ver a gente recolectando algas que luego secan y utilizan para hacer sopas y consomés. De aquel día únicamente guarda tres momentos en su memoria: el primero, aparcando el coche antes de descender hacia el agua. El segundo, viendo a María Sabina diciéndole: «Vas a vivir, vas a vivir». (María Sabina, Huautla de Jiménez, 1894 − 1985, fue una curandera mazateca que usaba sus conocimientos tradicionales del uso ceremonial y curativo de los hongos alucinógenos. Vivió toda su vida en Oaxaca y se convirtió en una celebridad cuando atrajo a figuras como los Beatles, Jim Morrison o Bob Dylan en la explosión *hippie* de los sesenta). Y el tercero, despertando en el hospital de Sebastopol sin ser consciente de quién era ni dónde estaba.

Le encontraron dos personas tumbado en una playa situada a unos quince o veinte minutos de los acantilados donde recogía las algas, hipotérmico y en estado de shock, hablando desordenadamente de temas espirituales y trascendentes. Se estaba haciendo de noche y hacía mucho frío; estaba empapado, magullado y aún tenía con él la bolsa con las plantas que había logrado recolectar hasta el instante del accidente. Llamaron enseguida a una ambulancia y lo llevaron al hospital más cercano. Durante las primeras horas su brazo izquierdo se mantenía elevado, como si luchara por alcanzar la ayuda de alguien. En sus dedos había marcas como si hubiera intentado agarrarse con fuerza a algo para sobrevivir. Aún no sabe cómo llegó hasta allí (supone que una ola lo arrastró contra las rocas y perdió la consciencia) pero no lo recuerda. El médico del hospital pensó que estaba bajo el efecto de las drogas pues él no dejaba de hablar de María Sabina, la unión mística y temas que hacían creer que estaba en un estado de alucinación y conciencia alterada.

La conexión de Joaquín con el mar siempre había sido muy fuerte pero los meses siguientes a esta experiencia le costó mucho volver a sentir esa unión inseparable, pues cuando acudía a él su cuerpo le llevaba a la sensación física del accidente, a esa muerte que tocó su hombro durante un momento. Aquel suceso modificó completamente la visión de sí mismo, al haberle sido concedida una segunda oportunidad: él nunca quiso tener hijos y desde entonces cambió su percepción, su necesidad de darse. Poco tiempo después nació Ian y, años más tarde, su hija Vida. «Cuando estoy perdido en mis historias siempre hay una parte que me está recordando que estoy ya en camino hacia la muerte, y eso es algo que ilumina mucho mi urgencia por vivir». Cada 31 de diciembre acude con su familia al mismo lugar para celebrar una ceremonia en el mar y agradecer el estar de vuelta.

El aprendizaje sucede de una manera inconsciente y no lo podemos dejar de percibir. Ese tránsito, esa desaparición de todos y de todo que aguarda en algún punto de nuestra existencia, está muy vinculado a la idea de inmensidad y océano. La borradura que ejerce el agua sobre el contorno de las cosas también provoca un cambio sustancial en el hombre. Todas sus religiones, cada doctrina en la que se ampara el alma humana, buscan un sentido a su ineludible caducidad. La disolución de un ser vivo tendrá siempre multitud de interpretaciones, una ilusión de eternidad e inagotable presencia; tal vez por eso el mar ha sido escenario de innumerables ritos funerarios a lo largo de la Historia. Los vikingos depositaban a los personajes importantes que habían fallecido en un *drakar*, la embarcación que usaban en sus incursiones guerreras, junto a sus pertenencias. Luego empujaban la nave hacia el mar y, desde la orilla, lanzaban flechas incendiarias hasta que el barco ardía por completo. Otra costumbre entre los marineros era la de amortajar al cuerpo junto a dos balas de cañón y enviarlo a las profundidades. Los ritos de las antiguas Grecia y Roma incluían una moneda que depositaban en la boca del cadáver. Si bien en la actualidad el rito pagano más extendido es el de esparcir las cenizas del difunto en el mar, el hombre siempre ha buscado esa soldadura con el agua como metáfora de unidad, de habitar en todo, de pertenecer a todo. Y, sin embargo, no solemos creer en ello cuando estamos vivos, cuando miramos alrededor y percibimos una totalidad en la que no estamos incluidos. ¿Por qué entendemos la muerte como una unificación y no la vida? ¿Por qué la extensión de nuestra espiritualidad parece resentirse de la propia existencia?

> *Murió un atardecer,*
> *todo un atardecer...*
> *Fue el único acto impuntual de su existencia,*
> *demorado por una larguísima mirada*
> *de amor a todo lo que abandonaba*
>
> JOSÉ ÁNGEL VALENTE

Hace pocos días nuestro perro murió tras años de enfermedad. Lo hizo en brazos de mi mujer, lentamente, dejándose ir. Cuando nuestro hijo de tres años preguntó por Chester le explicamos lo que había pasado con él; era la primera vez que oía hablar sobre la muerte y enseguida trató de entenderlo. Tras varias preguntas encontró una que le sirvió para integrar ese nuevo concepto en su vida: «¿Chester se ha roto?» La guardería a la que asiste, o el «nido» como se llama, no es un lugar en el que la educación se base en la disciplina, los buenos modales y el estudio académico. Pertenece a lo que se conoce como «educación libre» que busca que los niños encuentren por sí mismos la motivación necesaria para desarrollar sus capacidades, con una mirada respetuosa que enseña a verbalizar los sentimientos y las emociones. En ese sistema la muerte no es un tema prohibido; al contrario, es parte de la Naturaleza y se convive con ella sin vendas en los ojos. Semanas después de la muerte de Chester, un mirlo cayó de un nido en nuestro pequeño jardín. Era una cría bastante grande pero no logró sobrevivir. La puse en mis manos y sentí cómo iba dejando de respirar poco a poco, ofreciéndole un último refugio. Mi hijo estaba ahí, sabiendo lo que estaba pasando y siendo partícipe de todo ello. Cuando el pájaro murió me dijo dónde tenía que dejarlo y nos alejamos de él cogidos de la mano.

Desde el principio el océano crea reflejos y profundidades en el hombre. Mirarse en él es como asomarse a la verdad. Cuentan que las últimas palabras escritas por el poeta portugués Fernando Pessoa fueron: «No sé qué me depara el mañana» y que, justo antes de morir, pidió sus gafas: era un hombre muy miope y tal vez creyera que las necesitaría para ver bien lo que había al otro lado. «Tal vez acabando, comiences», dijo.

Náufragos

En toda competición deportiva hay una hazaña que merece ser contada, una historia detrás de esos rostros anónimos que representan la cultura del deporte. Hemos desterrado ya la imagen de aquellos porteros de fútbol cubiertos completamente de barro, defendiendo una portería que representaba la identidad de un pueblo, la forma de vivir de una comunidad. Hoy los porteros no se manchan; la lluvia ya no cala los campos drenados o de césped artificial y los uniformes están confeccionados con modernos materiales impermeables.

Ésta es la historia de una de esas gestas que nunca llegaron a conocerse y que se perdió en la memoria de los hombres y mujeres de una pequeña localidad costera del norte. Hasta hoy, cuando en una hemeroteca provincial alguien descubrió las páginas de un viejo diario donde, con tono emocionado, el cronista narra a dos columnas el suceso.

La pesca de bajura obligaba a Anxo a levantarse muy temprano, cuando aún era noche cerrada y un frío silencioso se metía en el cuerpo hasta hacerlo temblar. Era el más joven de una tripulación de cuatro hombres a las órdenes de un patrón huraño y malhumorado que le exigía de malos modos más atención en su trabajo. En cierta ocasión Anxo estuvo a punto de abandonar ante tanto maltrato: «no se lo tengas en cuenta, nunca sabes qué hay detrás de cada vida», le dijo el cocinero entonces, «nunca sabes». Y, después de cada grito y cada ademán, él recordaba esas palabras tratando de no juzgar duramente a aquel hombre que le injuriaba.

Regresaba cuando el sol ya estaba bajo y la mar reflejaba con mayor intensidad sus rayos. Vivía solo en la casa que heredó de sus padres a las afueras del pueblo, muertos en un desgraciado accidente de coche años atrás. Casi sin tiempo para descansar tras la jornada, se cambiaba de ropa y se iba a entrenar al polideportivo con el resto del equipo de fútbol. Tal vez por estar habituado a las redes su puesto natural era la portería, donde destacaba por la fuerza de sus manos. Competían en una pequeña liga regional ante una decena de equipos de la comarca, desplazándose en autobús los domingos por la mañana. Anxo había sido una pieza importante para que ese año estuvieran a una victoria de conseguir el título. Un partido más en su propio estadio y habrían logrado la liga por primera vez en la historia del pueblo.

Dos días antes del encuentro definitivo, salió a faenar como cada mañana. El día había amanecido gris y lluvioso y el mar estaba agitado. Sentados en el bar del puerto ante una taza de café humeante los miembros de la tripulación discutían sobre si salir o no en esas condiciones. Cuando llegó el patrón le mostraron su inquietud ante el estado del agua pero éste no hizo ademán de quedarse en tierra: «hay trabajo en la serrería», les contestó sin alzar la mirada.

A media mañana las condiciones empeoraron inesperadamente y las olas comenzaron a zarandear el barco como si jugaran con él. Todos dejaron lo que estaban haciendo y se refugiaron en los camarotes. Desde que el capitán vio nacer la ola que se acercaba a ellos por estribor supo que el barco acabaría en el fondo del océano y, aunque trató de defenderlo de ese destino, no pudo evitar caer lentamente hacia la negrura de un abismo que engulló cada vida que navegaba en él, y al hacerlo comprendió que toda su pobreza, toda su soledad y su dolor acabarían allí, la existencia que había creado en él esa rabia que volcaba en los demás, y le reconfortó saberlo. Anxo fue el único que logró escapar de ese descenso alcanzando milagrosamente la superficie. Bajo él, la edad de sus compañeros se detuvo entonces para siempre.

Buscó alrededor algún resto del naufragio que le pudiera servir para sostenerse hasta que le rescataran: un par de tablas desprendidas de la cubierta tras el impacto de la ola y un trazo de red que le sirvió para anudarlas. Horas más tarde la luz del atardecer comenzó a filtrarse entre las nubes que progresivamente fueron diluyéndose en la nada. Aquella noche pudo ver a miembros del equipo de salvamento buscando supervivientes con enormes focos, pero la *falta de bengalas y la marea constante que le alejó del lugar del hundimiento hicieron imposible el rescate. Se quedó dormido cuando el frío y la humedad no podían impresionar tanto al cuerpo y, extrañamente, soñó con el épico partido del domingo, algo totalmente banal en un momento de supervivencia como el que estaba padeciendo. Tal vez fuera el deseo de anudarse a la realidad lo que le mantuvo con vida hasta ese instante, encontrarse en las cosas cotidianas en las que trenzamos nuestra vida.*

Al despertar tardó en comprender la inmensidad en la que se encontraba pues aún pugnaba con el delantero del equipo contrario ante un saque de esquina. Se incorporó sobre las tablas y buscó algún signo de vida, el perfil de una costa o de un barco, pero no vislumbró señal alguna de presencia humana. Rastreó el horizonte con su mirada en busca de algún ahogado pero ningún cuerpo había emergido de las profundidades. Estaba débil y sediento. El cielo era de un azul pálido que contrastaba con la opacidad de una superficie salada que permanecía en calma. Anxo no tenía más opción que esperar. El día pasó a través de él desgastando su cuerpo hasta consumirlo casi del todo. La sed es una tortuosa venganza del mar hacia el náufrago, un recordatorio constante de lo que más ansías mientras te ves rodeado por ello. Y de nuevo la noche ocultó el horizonte circular que le contenía y, como si esa costumbre natural de las personas se impusiera aún en circunstancias tan adversas, volvió a dormir incómodamente hasta el amanecer.

Cuando le encontraron su cuerpo apenas podía retener la temperatura que le mantenía con vida. El frío había ralentizado su corazón casi hasta pararlo y los sanitarios tuvieron que masajearlo con fuerza hasta que volvió a aceptar el calor y las pulsaciones. Despertó con ropa seca sobre una cama de hospital. Tenía una vía tomada en el brazo que le surtía de los líquidos que había perdido durante su peripecia en el mar. Miró el reloj y comprobó que quedaba menos de una hora para que comenzara el partido. Trató de incorporarse y notó un trasfondo de dolor en sus músculos; sus manos estaban magulladas y presentaban cortes en los dedos. Sintió un ligero mareo que pronto se asentó en su necesidad de salir de allí y asistir al estadio. Escapó sin cruzarse con nadie y corrió todo lo aprisa que pudo por miedo a que le retuvieran. Y es esa identidad la que trató de defender minutos después bajo su portería, la de los hombres y las mujeres que sufrieron tantas tragedias a lo largo de la vida, hundiéndose en el océano y dejando familias huérfanas de futuro.

Anxo salió con el resto de sus compañeros a un campo abarrotado que estalló en una gran ovación cuando se distinguió en su presencia. Alguno pensó que era una aparición y que los espíritus como él necesitan tiempo para abandonar la realidad. Horas antes habían decidido suspender el encuentro pero la memoria de los desaparecidos estaba en la mente de todos y por ellos se lucharía hasta el final. El césped estaba embarrado tras las lluvias de los últimos días. El árbitro miró su reloj y dio comienzo el partido. Cuántas veces se recordaría aquella victoria, el gol definitivo en el tiempo de descuento y las asombrosas paradas de Anxo bajo palos, con sus heridas aún abiertas y el sabor a mar en su garganta. Y cómo, al terminar el encuentro, público y jugadores se perdieron juntos por las calles del pueblo, abrazando el mismo barro y derramando las mismas lágrimas saladas.

«Nunca sabes qué hay detrás de cada vida –pensaba Anxo–, nunca sabes».

Vivo conmovido por la forma en que los seres humanos transforman sus rasgos espirituales en maneras y expresiones de ser, no tanto por su hechura sino por las carencias que convierten lo inacabado en actitudes destructivas, y que nos obligan a juzgarlas y distanciarlas de nosotros cuando las vemos en otros. Detrás de cada ser humano hay un drama tejido con hilos de indiferencia, una probabilidad de existir que a veces confundimos con intuición o voluntad. El lento despertar de la conciencia siempre nos llevará hasta un acantilado de sensibilidad, hasta un territorio de soledad creadora y extinción. Porque somos más humanos en la imperfección y en la complejidad.

Escribía Daniel Dafoe en su icónico libro *Robinson Crusoe*: «A veces llega la salvación por el mismo camino que parecía conducir a la perdición».

Y dejar de luchar puede ser una forma de lucha, de permanencia; dejar de oponerse a algo puede ser una forma de comprenderlo e interpretarlo. Hace muchos años Juan Batallas disfrutaba de un día de mar en la Playa de Barro, en Llanes (Asturias). Se subió a una balsa hinchable con un amigo y entraron en el agua para remar un rato y dejarse mecer por el Cantábrico. Pasados unos minutos el día comenzó a agrietarse y el viento alteró la paz del mar con fuerza. Juan y su amigo remaron hacia la orilla pero una potente resaca les impedía acercarse; cada vez estaban más lejos y cansados. Cuando sintieron que se encontraban en una situación muy peligrosa hicieron gestos de socorro, gritando y elevando los brazos en señal de ayuda, pero nadie los escuchó. El amigo quiso saltar para volver nadando pero Juan le dijo que era una locura, que se ahogaría si lo intentaba. Poco después supieron que era la única opción o el mar se los llevaría definitivamente. En un acto de extrema valentía el amigo saltó primero encontrándose con que, en vez de hundirse por completo, el agua le cubría por debajo de la cintura. Se miraron con una mezcla de alivio y vergüenza por lo que acababan de mostrar de sí mismos y volvieron a la costa caminando tranquilamente. Siempre relacioné esta historia con aquella frase de Dafoe y, aunque siga haciéndome reír cada vez que la recuerdo, hay detrás una enseñanza duradera que parece acompañar a buena parte de mis decisiones.

El drama de los grandes naufragios ha sucedido habitualmente en escenarios bélicos aunque, más allá de los grandes nombres como el *Titanic* o el *Sultana*, en tiempos de paz muchas vidas se hundieron con navíos que no llegaron a puerto. El peor de todos ellos por número de víctimas sucedió el 20 de diciembre de 1987, cuando el ferri filipino *MV Doña Paz* se hundió tras chocar contra el petrolero *MT Vector*. Murieron 4.386 personas. El barco partió de Taclobán, en la isla de Leyte, con rumbo a Manila, alrededor de 600 kilómetros al norte. Tenía capacidad para 1.518 personas pero viajaban de forma ilegal un total de 4.400 pasajeros buscando pasar las vacaciones de Navidad con familiares y amigos. A las diez de la noche colisionó contra el petrolero cargado con 8.800 barriles de productos inflamables. Sólo encontraron 26 supervivientes.

Mucho antes, el 11 de enero de 1784, el bergantín español *El Cazador* zarpó desde Veracruz con 450.000 monedas en sus bodegas en dirección al puerto de Nueva Orleans. Su objetivo era estabilizar la precaria situación económica por la que pasaba la entonces colonia española. El papel moneda que circulaba se había devaluado y Carlos III, rey de España hasta 1788, encargó a la ceca de México que acuñara monedas para enviarlas a los territorios del norte. Los Reales de a 8 fueron la primera divisa de uso mundial y se los denominó *Spanish dollars*; se dice que el dibujo de la bandera alrededor de las columnas en el escudo de España dio origen al famoso símbolo del dólar. El teniente de navío D. Gabriel de Campos y Pineda era el comandante de la nave, un hombre moderado y recto descendiente de una familia adinerada. Con casi treinta metros de eslora y dos mástiles, el bergantín iba armado con al menos quince cañones y una superficie vélica de hasta 600 toneladas. Era rápido y llevaba a bordo una vasta tripulación. No se sabe a ciencia cierta cuál fue el motivo del naufragio, si una tormenta tropical o el abordaje de un barco pirata, pero se impone la teoría de que fueron las condiciones climáticas las que hundieron a *El Cazador*. Existen registros que confirman que Cuba y Jamaica sufrieron en 1784 unos intensos huracanes. La consecuencia de que el dinero no llegara a la colonia española fue que, siete años después, Carlos IV tuviera que devolver Louisiana a Francia, ante las enormes dificultades económicas por la que pasaba España. De alguna manera, que aquel barco no arribara a las costas de Louisiana aceleró la independencia de los EEUU. El 2 de agosto de 1993 un pescador llamado Jerry Murphy al mando del *Mistake* enganchó sus redes en el fondo marino, acaso utilizando un arte de pesca poco ecológico que sirve para arrasar todo cuanto encuentra a su paso. Doscientos años después de que se hundiera *El Cazador,* las monedas con el perfil erosionado de Carlos III respiraban en la cubierta de un barco de pesca menor. El hallazgo puso en marcha todo un proceso por el cual pasaron a ser propiedad de una empresa privada, la *Franklin Mint,* que las puso a la venta en todo el mundo.

El náufrago, el superviviente que ha de permanecer a la deriva hasta ser rescatado, se enfrenta a una de las pruebas más duras que el organismo pueda soportar. La sed y el hambre conducen a una muerte segura. Pero, en el otoño de 1952, el doctor Alain Bombard realizó un experimento con el que trató de demostrar cómo sobrevivir en el océano, navegando desde las Islas Canarias hasta el Caribe en un bote salvavidas, estableciendo así científicamente las bases alimentarias en una situación extrema. Un año antes estaba de guardia en su hospital cuando una embarcación, el *No-tre-Dame-de-Peyragues*, chocó contra el dique *Carnot*, el rompeolas del puerto de Boulogne: «Resuena la bocina: es el coche de bomberos. Se abren los dos batientes de la puerta y, orgulloso de mi importancia, avanzo… Nunca olvidaré el espectáculo de los 43 hombres amontonados unos sobre otros, en actitudes de marionetas dislocadas, con los pies descalzos y provistos todos ellos de su salvavidas. Pese a nuestros esfuerzos, aquel día ninguno pudo ser reanimado. Balance de un minuto de error: 43 muertos, 73 huérfanos», relata el autor. Bombard estudió desde entonces la manera de reducir la estadística de muertes que se cobraba el mar, incluyendo la de aquellos que, habiendo sido rescatados, morían poco después tras terribles agonías. Dedicado al análisis de la composición química de peces, agua de mar y plancton principalmente, postuló una teoría con la que trató de demostrar que, a falta de agua potable, una dieta a base de ciertos pescados y pequeñas cantidades diarias de agua de mar permitia la supervivencia de un hombre durante varios días. Además, le dio especial importancia a los aspectos psicológicos inherentes a esa situación, asegurando que la desesperación mata al náufrago antes que la sed. Y para poner a prueba sus conclusiones decidió cruzar el Atlántico en una pequeña embarcación llamada *L'Hérétique*. Eligió la ruta de los alisios para evitar así las rutas de navegación y el mar de los Sargazos. El 19 de octubre zarpó del Puerto de la Luz en Las Palmas destino a la isla de Barbados: 65 días de travesía.

Antes de eso hizo una prueba a lo largo del Mediterráneo obteniendo unas conclusiones preliminares. Pero sólo tras sobrevivir al Atlántico pudo dar testimonio de una hazaña única. Adelgazó 25 kilos y llegó con una anemia en la que pasó de 5 millones de glóbulos rojos a la mitad. Sufrió una fuerte diarrea durante 2 semanas que le provocó importantes hemorragias, se le cayeron las uñas de los pies y su piel deshidratada se vio invadida por una erupción generalizada. «Durante 65 días viví exclusivamente de los productos del mar. Mi ración de prótidos y lípidos fue suficiente. Sin duda, la carencia de glúcidos provocó un importante adelgazamiento, pero quedó demostrado que el margen de seguridad que había intuido antes de mi partida era, en efecto, una realidad... Nueva prueba del predominio de lo mental sobre lo físico... El náufrago, después de la catástrofe, desprovisto de todo, sólo puede y debe esperar. Se le plantea brutalmente un problema: vivir o morir, y comprometerá todos sus recursos, toda su fe en la vida, además de su valor, en la lucha contra la desesperación».

Alain Bombard encontró en el mar un remedio para sobrevivir y no una causa para no hacerlo. Tras su viaje continuó con sus investigaciones y ocupó un cargo de diputado del Parlamento Europeo durante 14 años, volcándose en actividades de defensa del medio ambiente. En sus últimos años declararía: «Yo he luchado primero en nombre del hombre contra la adversidad del mar; ahora me he dado cuenta de que es más urgente luchar en nombre del mar contra los hombres».

Riesgos

Los trastornos característicos del buceo en apnea son debidos a la peligrosa disminución de oxígeno en los tejidos y a la presión. La repetición de estos estados hipóxicos puede derivar en lesiones aunque uno de los mayores riesgos se encuentra en el denominado «síncope de las aguas bajas», un desmayo que se produce en los últimos metros de ascenso por falta de oxígeno en el cerebro. Es una reacción del cuerpo para economizar las pocas reservas de aire que le quedan.

Los síntomas comienzan por un picor en todo el cuerpo, la vista se nubla, se suceden los espasmos abdominales y, finalmente, ocurrre pérdida de memoria. También se lo conoce como «el mal de los 7 metros» ya que suele producirse a esa distancia de la superficie. ¿Cuál es la causa? El oxígeno necesario para vivir se transfiere a la sangre a través de los pulmones para lo cual la presión parcial de oxígeno en ellos ha de ser mayor que la del mismo disuelto en sangre. A medida que descendemos nuestros pulmones se van comprimiendo y la presión del oxígeno aumenta respecto a la de la sangre. A mayor profundidad más fácilmente asimilamos el oxígeno de nuestros pulmones.

Cuando ascendemos se produce el fenómeno contrario: los pulmones van recobrando su volumen normal y la presión del oxígeno va disminuyendo respecto a la de la sangre, lo que provoca que sea más difícil asimilar el oxígeno de las reservas que aún tengamos. Llegando a la superficie la presión puede llegar a igualarse, con lo que no podremos asimilar la suficiente cantidad de oxígeno y nos desmayaremos.

Antes de sumergirse, muchos buceadores realizan una serie de hiperventilaciones para aumentar la concentración de oxígeno y disminuir la de dióxido de carbono, que es precisamente la que activa las alarmas naturales del organismo para respirar. Consiste en llevar a cabo varias respiraciones rápidas y profundas que aumentan el tiempo de apnea, pero que incrementan la posibilidad de sufrir una hipoxia en el ascenso. Es un tema debatido y que tiene tantos adeptos como detractores ya que, al no reconocer esa urgencia por coger aire, el cuerpo puede quedar inconsciente y ahogarse. La actual medicina deportiva ha demostrado las contraindicaciones de una técnica vinculada a grandes peligros para el apneista. Umberto Pelizzari describe así sus riesgos: «Durante la hiperventilación, de hecho, no se acumula mayor cantidad de oxígeno en los alveolos pulmonares. Después de dos o tres actos respiratorios profundos, la hemoglobina presente en los glóbulos rojos para el transporte de oxígeno a los órganos ya está saturada. En compensación, la respiración forzada provoca la bajada de la tasa de CO_2, el gas de descarga producido por el trabajo metabólico de las células que respiran, es decir, las que oxidan moléculas de carbono para producir la energía empleada por el organismo. La desorientación, el aturdimiento, la sensación extraña que se acusa al término de la hiperventilación no son señal de una hiperoxigenación, sino el aviso inequívoco de que los valores de presión del CO_2 han alcanzado un nivel demasiado bajo». Yo confío en los mecanismos naturales del cuerpo destinados a enviar señales de alarma; cuando forzamos reacciones contrarias a los reflejos inherentes al organismo estamos poniendo en riesgo la vida. Decía Jacques Mayol que quien hiperventila se engaña a sí mismo y la consecuencia más frecuente de este engaño es el desmayo y el anegamiento de los pulmones.

Seguridad

Algunas normas de seguridad fundamentales para la práctica del buceo en apnea son:

* *Practicar acompañado:* un buen compañero de buceo ha de estar preparado físicamente, conocer las señales manuales, las técnicas de inmersión y primeros auxilios. El plan previsto debe respetarse siempre y estar adecuado a la experiencia del menos experto. Hay dos reglas que no pueden saltarse nunca: la primera, «uno arriba y otro abajo», mientras uno desciende el compañero espera arriba atento en todo momento a lo que ocurre en profundidad. La segunda: jamás perderse de vista, las

condiciones del mar cambian nuestra percepción espacio-temporal y obligan a un nivel de concentración muy elevado.

- *No descender después de una inmersión con botellas:* esto puede provocar la enfermedad de descompresión y una embolia en sangre. Es necesario esperar 12 horas hasta poder practicar apnea.
- *Descansar entre inmersiones:* dependiendo del nivel de esfuerzo y la profundidad lograda es recomendable descansar dos o tres veces el tiempo de duración de la última apnea.
- *Pegar la barbilla al pecho:* tanto en el descenso como en el ascenso, no mirar hacia abajo o hacia arriba. En primer lugar, por la posición hidrodinámica que ayuda a ahorrar energía y en segundo, para compensar mejor en la caída y recibir un mejor flujo sanguíneo en el cerebro al subir. La compensación debe realizarse sin llegar a la sensación de dolor y parar si no se logra de manera adecuada. Un lastre incorrecto puede provocar una mala compensación.
- *Evitar la práctica si no es el día adecuado:* las condiciones generales del cuerpo tienen que ser óptimas. Un exceso de frío, el uso de medicamentos, la ingesta de tabaco o alcohol, los pensamientos negativos o el cansancio son motivos suficientes para no descender y poner la salud en peligro.
- *Una buena alimentación e hidratación:* la falta de hidratación reduce los reflejos y la respuesta física general. El tiempo de apnea se reduce y las sensaciones corporales se vuelven lentas y torpes. Los alimentos que se ingieran por la noche influirán directamente en el nivel de aguante y energía por la mañana.

El 12 de octubre de 2002 Audrey Mestre quería batir el récord del mundo en apnea en la modalidad *«no limits»* que hasta entonces ostentaba Tanya Streeter con 160 metros, y llevarlo hasta los 171 metros. Esta modalidad consiste en bajar con un lastre y ascender con la ayuda de un globo en un tiempo aproximado de 3 minutos. A esa profundidad la presión del agua comprime los pulmones como si fueran dos pequeñas naranjas, la oscuridad es total y la temperatura desciende drásticamente. Tenía 28 años y fue en aguas de República Dominicana. Seis años antes había conocido a quien sería su marido, el cubano Pipín Ferreras, una de las grandes figuras del buceo con varios récords internacionales y una fama que lo llevó a recorrer el mundo como embajador de esta disciplina deportiva. Juntos buceaban, competían y sumergían su historia de amor unidos por la pasión por ese deporte. Pipín narra así aquellos momentos: «Audrey se encuentra ya del todo en esa habitación insonorizada dentro de su propia cabeza, los ojos entrecerrados y distantes, y respirando ahora rítmicamente. Comienza entonces la cuenta atrás; los buceadores (de seguridad) están ya en el agua y los espectadores se han callado... Audrey me mira y yo creo percibir algo de su sonrisa pícara en sus ojos, ahora distantes y vueltos sobre sí mismos. Una última y prolongada inhalación, y ya se ha marchado. El cable vibra en mis manos». Pipín visualizaba la inmersión desde la superficie, comprobando el tiempo y en todo momento sujeto al cable para percibir cualquier movimiento. Pero no percibía nada. Tres minutos y no había señal alguna, 4 minutos y medio y nada. Tras cinco minutos decidió coger su botella y bajar a toda prisa: «Me lanzo como una flecha a lo largo del cable, moviendo los pies lo más fuerte que puedo y paso delante de los buceadores socorristas. Todavía no hay señales de Audrey. Continúo nadando y, al llegar a los 90 metros, veo burbujas. ¡Allí está ella! Con Pascal, su buen amigo Pascal, ambos respirando del mismo tanque. Pero cuando me acerco, veo que Audrey no respira, que está inconsciente... Me acerco rápidamente y observo que una espuma rosada le sale de la boca; tras la máscara, sus ojos abiertos no ven». Tras 8 minutos y 38 segundos llegaron a la superficie. Audrey falleció aquel día por un problema en el deslizador y la boya con la que debería haber ascendido tras llegar a los 171 metros de profundidad. Este suceso conmovió al mundo del buceo por su impacto mediático y por las trágicas imágenes recogidas y documentadas aquel día dada la importancia del evento deportivo.

Se estima que cada año mueren por causas derivadas de esta disciplina cerca de 100 personas pero hay un impulso atávico, una expresión única y personal que sigue incrementando el número de practicantes que realizan buceo a pulmón en todo el mundo. Como decía la propia Tanya Streeter: «Cuando estoy debajo del agua siento paz y tranquilidad. La gente a lo mejor no entiende cómo se puede sentir tranquilidad cuando tienes los pulmones a punto de reventar, pero estás en un entorno tremendamente silencioso, completamente sola, a oscuras. Es la mejor forma de estar con uno mismo».

Mente animal

Aimee Mcconnelo iba a dejar la isla de Tabarca cuando algo llamó su atención desde el agua, una forma varada que reflejaba tenuemente los rayos del sol. Era un delfín mular adulto. Se desvistió y bajó un pequeño desnivel rocoso hasta el agua. El delfín estaba a punto de morir y apenas le quedaba energía. Ella lo tomó entre los brazos y el animal fue dejando de respirar hasta casi no moverse. La conexión que sintió con él fue tan fuerte que aún hoy siente ese peso en los brazos, esa presencia que se dejó ir a través de ella.

Determinados acontecimientos de la vida nos conectan con lo que nos rodea y una íntima sensibilidad nos acerca a comprender la naturaleza de las cosas. Muchas veces es a través del nacimiento o la muerte, y esa distancia que parece estrecharse entre nosotros y la misteriosa hondura del mundo, nos devuelve el valor real de esas cosas y su verdadera extensión. Habitar en el centro de nuestra propia pisada ofrece una posibilidad de abarcar mayor horizonte emocional y juzgar con menos peso lo que nos rodea, ya que no siempre sentiremos la urgencia por valorar y sentenciar, sino que asistiremos al constante cambio como un árbol recibe el sol, la lluvia o el viento. De esa manera he podido descubrir las mayores riquezas en los lugares más imprevisibles:

To see a World in a Grain of Sand
and a Heaven in a Wild Flower,
Hold Infinity in the palm of your hand
and Eternity in an hour[4]

WILLIAM BLAKE

La promesa de un mundo respetuoso con los animales está muy lejos de poder cumplirse. En defensa de la tradición se cometen las mayores barbaridades y la mente humana no ha aprendido el lenguaje de signos que cada día podemos leer en el rostro de cada ser vivo. Suelo eludir las imágenes violentas que los medios de información imponen en sus telediarios; todavía generan en mí un odio que no he aprendido a manejar y, cuando se trata de crueldad animal, una furia sin contornos crece hasta alejarme irremediable-

---

4 Para ver el mundo dentro de un grano de arena
   y el cielo dentro de una flor silvestre,
   sostén el infinito en la palma de tu mano
   y la eternidad en una hora.

mente de mí mismo. Pero sí asisto, con obligado esfuerzo, a las investigaciones y a los trabajos de organizaciones de defensa de los derechos de los animales como *Sea Shepherd, Oceana, Igualdad Animal* o tantas otras. Los animales son la biblioteca de la tierra; su sabiduría nos enseña a vivir de manera sostenible en un entorno cada vez más deteriorado y escaso. Ellos son los que realmente sostienen la viabilidad del planeta y la esperanza de un futuro en él. No somos creadores de lo que vemos, no sabemos las respuestas a las incertidumbres del mundo salvaje y la civilización no puede depender del exterminio de la Naturaleza. Y es extraño cómo el hombre cree amar ciegamente aquello que está destruyendo sistemáticamente, como a ese delfín que ya no cabía en el Mediterráneo y murió con Aimee. Una vez leí un cuanto corto de un escritor chileno llamado Cristián Urzúa Pérez que describe a la perfección la raíz del problema de una manera sencilla y muy bella:

Arreglar el mundo

Un científico, que vivía preocupado por los problemas del mundo, estaba resuelto a encontrar los medios para aminorarlos. Pasaba días en su laboratorio en busca de respuestas a sus dudas. Cierto día, su hijo de 7 años invadió su santuario decidido a ayudarle a trabajar. El científico, nervioso por la interrupción, le pidió al niño que fuese a jugar a otro lado. Viendo que era imposible sacarlo de allí, el padre pensó en algo que pudiese darle con el objetivo de distraer su atención. De repente se encontró con una revista en donde había un mapa con el mundo, justo lo que precisaba. Con unas tijeras recortó el mapa en varios pedazos y, junto con un rollo de cinta, se lo entregó a su hijo diciendo:
—Como te gustan los rompecabezas, te voy a dar el mundo todo roto para que lo repares sin ayuda de nadie.

Entonces calculó que al pequeño le llevaría 10 días componer el mapa, pero no fue así. Pasadas algunas horas escuchó la voz del niño que lo llamaba calmadamente.

—Papá, papá, ya hice todo, conseguí terminarlo.

Al principio el padre no creyó al niño. Pensó que sería imposible que, a su edad, hubiera conseguido recomponer un mapa que jamás había visto antes. Desconfiado, el científico levantó la vista de sus anotaciones con la certeza de que vería el trabajo digno de un niño. Para su sorpresa, el mapa estaba completo. Todos los pedazos habían sido colocados en sus debidos lugares. ¿Cómo era posible? ¿Cómo el niño había sido capaz? El padre preguntó con asombro a su hijo:

—Hijito, tú no sabías cómo era el mundo, ¿cómo lo lograste?

—Papá —respondió el niño—, yo no sabía cómo era el mundo pero cuando sacaste el mapa de la revista para cortarlo vi que, del otro lado, estaba la figura de un hombre. Así que di la vuelta a los recortes y comencé a recomponer al hombre, que sí sabía cómo era. Cuando conseguí arreglar al hombre, di la vuelta a la hoja y vi que había arreglado el mundo.

Sólo así lograremos entender el mensaje: evolucionando nosotros lograremos que el entorno sea más armónico. Mientras escribo esto, escuchando *Fratres* del compositor Arvo Pärt, leo las últimas noticias sobre dos chimpancés que han escapado del zoo de Sa Coma, en la isla de Mallorca. Un macho y una hembra. Ella murió tiroteada mientras se refugiaba asustada entre los matorrales de una cuneta. Él apareció ahogado esa misma mañana en un depósito de aguas. Las condiciones en las que vivían eran deplorables, enjaulados en un espacio mínimo y sin las medidas necesarias de higiene e inspección. Qué falta de integridad, qué avergonzado me siento. Tanta historia desnutrida de aprendizaje nos deja sin evolución. Hubo un tiempo en que yo también tejía antifaces y me disfrazaba de oscuridad ante el drama, un tiempo en que esquivaba la mano extendida de hambre y de lamento, la sombra vagabunda de un perro, un tiempo donde daba la espalda a esos rostros endurecidos por la agonía del mundo. Vivía tras el muro donde se resguardan los que no desean conocer quiénes son en los demás, qué vínculo nos mantiene unidos al sufrimiento de los otros. Y huía, huía de la necesidad de ellos, de su obligación. Adán y Eva, como se llamaban los chimpancés, lograron escapar rompiendo los barrotes de su cautiverio, mucho más cerca de nosotros de lo que creemos, mucho más nosotros. En 2011 *Igualdad Animal* publicó un informe denominado *Vidas Enjauladas* sobre los trastornos que sufren los animales que viven en los zoológicos españoles. Lo dirigió Claire Louise, zoóloga que trabaja encubierta para concienciar sobre la situación de los animales en esos parques, en circos y en otras industrias donde se explota a los animales para el entretenimiento humano. Visitó ocho de ellos durante un año, tanto de propiedad municipal como privada; se inspeccionaron un total de 226 recintos de animales salvajes terrestres que albergaban 271 individuos de 155 especies diferentes. Realizaron grabaciones, tomaron fotografías y entrevistaron al personal. Sus conclusiones fueron las siguientes:

«En cada zoo visitado, los animales viven en entornos completamente opresivos. *Igualdad Animal* halló individuos alojados en recintos extremadamente pequeños y en algunos casos completamente restrictivos. Estos espacios minúsculos impiden a los animales desarrollar sus movimientos y conductas naturales que son esenciales para su bienestar.

Algunos animales estaban alojados en jaulas y fosas anticuadas y pocas estaban provistas de refugio suficiente como para mitigar las temperaturas extremas o proporcionarles privacidad. La falta de privacidad puede ser una gran fuente de estrés para los animales confinados en los zoológicos. Los animales estaban alojados en recintos de hormigón o materiales de gunitado que causan daños en las articulaciones y en los ligamentos de pies y patas, un sustrato duro y artificial que no permite la búsqueda de alimento, actividad que, en su hábitat natural, ocuparía una gran porción del día de algunos individuos. En general, los zoológicos visitados se han esforzado poco en intentar imitar el hábitat natural de los animales. Por ejemplo, los mamíferos semi-acuáticos como los hipopótamos, que emplearían una gran parte de su tiempo en el agua, están provistos de charcas pequeñas y estancadas donde casi no pueden sumergirse y mucho menos nadar. Estas charcas son, a menudo, el único recurso de agua disponible para los animales. Por ejemplo, los animales selváticos como los monos, los simios y los lemures rara vez están provistos de vegetación viva. La falta de higiene puede ocasionar problemas de salud graves en los animales cautivos y puede conducir a la propagación de enfermedades. *Igualdad Animal* descubrió recintos con una acumulación excesiva de escombros (incluyendo comida y heces). La amplia mayoría de los recintos eran básicamente monótonos e inhóspitos. No contenían mobiliario específicos propio de la especie y los animales que en ellos habitan padecen de privación sensorial y de estimulación. Estos animales no tienen control sobre su entorno lo que les lleva a padecer trastornos mentales. Los animales a menudo no tienen la oportunidad de mantenerse físicamente activos lo que les conduce a enfermar. *Igualdad Animal* observó también animales sociales que viven en confinamientos solitarios. Los animales que estaban alojados en grupos a menudo estaban viviendo en recintos demasiado próximos unos a otros, lo que provocaba enfrentamientos agresivos con sus consecuentes lesiones. Las aves permanecen encadenadas bajo el sol en varios de los zoos investigados, confinadas en jaulas tan pequeñas que no pueden extender sus alas. La instalación de babuinos del zoo de Madrid se encuentra llena en un 40% de plásticos, papeles y demás basura. Los investigadores de *Igualdad Animal* observaron a los animales masticando y manipulando los objetos que los visitantes habían lanzado.

»*Igualdad Animal* acudió a espectáculos en los zoos donde se hace a los animales parecer payasos y todos estos espectáculos implicaban conductas potencialmente estresantes y dañinas para los animales. El entrenador de Babaty, una elefanta del Río Safari Park, llevaba colgada una picana que tenía siempre a mano. La picana es una herramienta con un gancho de acero afilado en una punta y que se emplea para manipular y entrenar a los elefantes. Es utilizada para infringirles daño, pues son animales que, a pesar de las apariencias, tienen una piel extremadamente sensible. Se observó al entrenador incrustando el gancho en el suave tejido que hay detrás de las orejas del animal mientras los turistas se sentaban sobre su espalda. Cuando los animales que actúan se encuentran fuera de la vista del público se mantienen en recintos terriblemente estrechos, inhóspitos y con total privación sensorial. De hecho, la situación de estos animales parece peor que la de los que están constantemente en exhibición... La utilización de animales para el entrenamiento humano no sólo supone una vida de privaciones sino también estar sujetos a prácticas de entrenamiento brutales que se basan en la dominación física y el miedo. Las enfermedades mentales son comunes en los animales de los zoos. Los animales frustrados, infelices y trastornados a menudo presentan conductas estereotipadas de movimientos compulsivos, repetitivos, invariables, sin ninguna función y un signo claro de que algo marcha mal. Las conductas estereotipadas son indicadores claros de que un animal está sufriendo y la mayoría surgen cuando no puede sobrellevar o librarse de situaciones estresantes. En el zoo de Sevilla un mono capuchino neurótico golpeaba sin cesar la pared de cristal con una piedra y un mandril se arrancaba el pelo en el de Madrid. En este mismo recinto se certificó la existencia de aves con las alas fracturadas. El indicador más comúnmente observado de mala salud o bienestar fue la caída de pelo o plumaje, que es probablemente el resultado de automutilaciones y de un aseo excesivo de compañeros de jaula. El segundo indicador fueron las lesiones por contacto...»

El informe continúa con más datos igual de desgarradores y yo trato de entender mientras lo leo esa necesidad humana de no querer ver, ese negarse a fijar la mirada y detenerse por un momento a percibir la realidad que nos rodea. ¿Acaso creemos que es una amenaza para nuestro bienestar personal? ¿Qué se nos arrebataría si nuestra conciencia nos hiciera dudar de nuestra forma de vida? Sigo viendo a muchos padres llevar a sus hijos a estos lugares con la excusa del aprendizaje, como si contemplar a una pantera que apenas puede caminar diez pasos sin tener que girarse les fuera a cultivar. Creo firmemente que esos centros deberían cerrarse para siempre, por respeto, por dignidad hacia los animales (y hacia nosotros), seres que no han evolucionado hacia la pintura o la palabra pero que sostienen la vida que respiramos. Cita Daniel Goleman a Nietzsche diciendo que la locura es la excepción en los individuos pero la norma en los grupos. La soledad es el lugar donde sucede lo que somos y el mejor escenario donde descubrir la verdadera magnitud de nuestros actos.

La pantera

Su vista se ha cansado tanto de ver pasar
los barrotes, que no retiene nada.
Le parece que hubiera mil barrotes
y tras los mil barrotes ningún mundo.
El suave andar, de pasos elásticos y fuertes,
que se vuelve en el más mínimo círculo,
es cual danza de fuerza en torno a un centro,
donde aturdida está una gran voluntad.
Sólo a veces se aparta, sin ruido, la cortina
de la pupila... Entonces una imagen penetra,
atraviesa la calma en tensión de los miembros...
y deja de existir dentro del corazón.

RAINER MARIA RILKE

Acuarios

De niño he visitado a menudo zoos y acuarios sin ser consciente de la atrocidad a la que estaba asistiendo. Mi hijo no irá a esos lugares ni vivirá el engaño de contemplar a un animal entre rejas o nadando en una diminuta piscina. Si algo debemos saber de la sostenibilidad del medio ambiente es que sólo siendo respetuosos con la Naturaleza lograremos resistir como especie. Los animales son capturados en su hábitat natural, separados de su manada, de su familia y encerrados en un tanque en condiciones denigrantes. Muchos delfines muestran abrasiones en sus rostros por los entrenadores, que se ponen de pie encima de ellos durante los entrenamientos y en los espectáculos. Se ha demostrado que muchos de estos animales caen en depresión, enferman y mueren jóvenes. Un delfín no sonríe, no está siempre feliz.

Albert López es una voz autorizada en este tema ya que fue entrenador de cetáceos en el zoo de Barcelona. Comenzó a trabajar por amor a los animales aunque reconoce que, «el último sitio donde debes trabajar si te gustan los animales, es en un zoo». Durante 14 años estuvo ocupándose de la orca «Ulises» hasta su viaje a San Diego. Denunció las condiciones en las que viven estos animales en distintos medios tratando de ofrecer una visión desconocida de lo que ocurre en los delfinarios: «El agua tiene que estar tratada con productos muy agresivos, como la lejía o el ozono, que produce a los animales alteraciones en la piel, las mucosas, etc. Los delfines son animales muy sociales, que viven en clanes muy cerrados donde las líneas familiares son muy importantes. En un zoo viven uno de Bahamas, dos de Cuba, tres que nacieron en cautividad y dos del Adriático. Así no se puede establecer ningún tipo de relación ni de parentesco porque, además, cuando se establece por exigencias del guión, porque se necesita para el espectáculo, los animales se cambian o se venden y se rompen los lazos que han creado. He visto hembras morir por haber sido separadas de su compañero de toda la vida; dejan de comer, se entristecen y acaban muriendo. Viven en un entorno cerrado donde las paredes son de cemento; pero ellos se comunican por sonidos utilizando las propiedades acústicas del agua. Si hablan el sonido reverbera, es como si nosotros estuviéramos hablando dentro de un lavabo alicatado, donde cada palabra nuestra rebotara y encima hubiera una persona al lado con un martillo percutor todo el día taladrando, que es el sonido de la bombas que hacen las piscinas. Y peor es el control químico de su comportamiento, sobre todo de los machos. En casi todos los zoos sale mucho más a cuenta dar un fármaco, una hormona, para que el macho esté inhibido y que así pueda hacer ejercicio dentro del agua, hacer surf, nadar con ellos, abrazarte a ellos, darte un besito y parecer que todo es muy bonito y cuánto me quiere el delfín; pero todo eso ocurre porque el animal está completamente drogado. Si la hembra está en celo el macho no ve nada más que a ella y todo lo demás pierde sentido. Si tú controlas hormonalmente a este macho desaparecen las hembras, desaparece la agresividad, desaparece todo (la mayoría de los delfinarios administran Valium a sus delfines y esteroides a los machos para que nos sean agresivos). Las condiciones en que se mantienen son maltrato y esclavitud. Aún no lo vemos pero dentro de cien años la gente pensará que tratábamos a estos animales bajo un régimen de esclavitud; las generaciones futuras nos van a decir: ¿cómo podía aquella gente tener a un chimpancé, a un delfín, a una orca en cautividad? ¿Cómo se les pasó por la cabeza? Qué mal estaba esa gente que seguían defendiendo que esto era útil para la preservación de la Naturaleza. Hay una frase de Baba Dioum, un poeta senegalés, que dice: Sólo protegemos aquello que queremos, sólo queremos aquello que conocemos y sólo conocemos aquello que nos han enseñado. Nuestro eslabón estaría ahí, en enseñar a la gente a conocer, después a amar y, al fin, a poderlo proteger».

El mar y su biodiversidad reflejan de manera directa las consecuencias de la actividad humana. Albert ha vivido de primera mano los efectos nocivos que tiene nuestra falta de compromiso con las especies marinas. Tiene una voz ronca, como si el viento y la sal se hubieran llevado la lisura de las palabras, más parecida a un ave marina que a un humano. Creó el proyecto Ninam que, como cuenta en su Web, es una plataforma permanente de estudio de los cetáceos en Cataluña y en la cuenca norte-occidental del Mediterráneo, y opera básicamente en el entorno del Parque Natural del Cabo de Creus, con puerto base en Rosas. Desde el año 2004 desarrolla trabajos de control e identificación de las especies de cetáceos del Cabo de Creus y colabora con los ornitólogos del parque natural para detectar la presencia de diversas aves marinas en la zona pelágica. Propone un «chárter científico» a bordo de una nave de investigación, el catamarán *Dzul Haà*, como manera de acercar su trabajo de campo a todos. Son expediciones abiertas a todo aquél que esté interesado en participar en primera persona en una investigación sobre cetáceos y aves marinas en la zona. El término «Ninam» es el acróstico formado por el nombre de cinco delfines mulares con los que Albert trabajó mucho tiempo: Nica, Inuk, Nereida, Anak y Moaná. Es un tributo a ellos que, cautivos, no podrán volver a ver jamás el mar.

Pero en la situación actual y por la falta de ayudas el proyecto no pudo sobrevivir; el banco embargó el barco y todo terminó ahí. Ahora trabaja como patrón en un yate grande de modo que su vida sigue vinculada al océano. ¿Qué podemos hacer cada uno de nosotros para acabar con estos lugares? ¿Qué impacto tiene nuestra actitud en la supervivencia de los zoos? «Lo primero de todo es no ir a estos sitios y hacer proselitismo para que otros no vayan tampoco, no participar en esa tortura. Mi objetivo cuando voy a dar conferencias es mostrar que hay muchos biólogos que podrían estar haciendo educación ambiental *in situ* por muy poco dinero, con salidas al mar, a la montaña o en la propia ciudad. Los animales en cautividad están mal, lo ves, no pueden ejercer su propio comportamiento: nadar unas cuantas millas, copular con sus hembras, tener su familia o amigos. Todo lo que un animal ha evolucionado durante 50 millones de años se pierde en el momento en que tú lo metes en una piscina. Deja de ser eso y pasa a ser otra cosa, una caricatura».

España es el país con más delfinarios en Europa y con el mayor número de cetáceos en cautividad.

La primera faena que tuvo Albert en un zoo fue matar a un dingo y cuando preguntó por qué lo mataban le respondieron que porque no tenía instalación. «Eso fue el primer día que entré a trabajar. En todos los zoos se hace cada día, pasa constantemente. Tener animales en cautividad significa esto. La siguiente pregunta es por qué me quedé ahí; pues para ayudarlos, para intentar que esos pobres animales estuvieran lo menos mal posible. Aunque por muchos años seguirán dependiendo del político de turno o de los intereses comerciales».

Albert ha presentado en varias ocasiones la película *Blackfish*, el documental rodado en 2013 por Gabriela Cowperthwaite que narra las consecuencias para los cetáceos de una vida en cautividad. Se centra en la orca Tilikum, un macho de siete metros y más de 5 toneladas responsable de la muerte de tres entrenadores. «Cuando hago las presentaciones digo que me da miedo que uno de los efectos de ver la película sea que la gente vaya más a los delfinarios donde hay orcas para ver si, por casualidad, alguna se come al entrenador. Pasó con la película *Buscando a Nemo*, que era una cinta en principio conservacionista, donde el malo es un médico que tiene en su consulta peces salvajes y que, sin embargo, ha provocado que cinco años después de su estreno se considere al pez payaso una especie amenazada por haber sido esquilmado en sus lugares de origen. Los niños querían tener un Nemo en casa provocando la compra compulsiva de estos animales. Pero con *Blackfish* he visto que no, que la reacción ha sido muy buena; la película está muy bien planteada, muy bien hecha, con protagonistas que llegan al espectador. A mí la orca Ulises me salvó la vida una vez que me quedé atascado reparando una cosa en el fondo de la piscina. Bajé con botellas y me quedé sin aire; llevaba mucho plomo dentro y no llevaba aletas. Él se puso a mi lado y me empujó hacia arriba. A la mañana siguiente, cuando quise volver a tirarme, me mordió muy fuerte; yo no entendía nada, hasta que un amigo me preguntó: ¿Cómo te hace entender que no vuelvas a repetir lo que ayer casi te mata? No me dejó volver a meterme con equipo, ni siquiera unas gafas; las cogía con la boca y las tiraba. Nunca más me dejó volver a ponerme nada, sólo el traje de goma o el de baño».

Ulises sigue en San Diego y Albert alguna vez lo ha visto dando vueltas en su piscina a través de una *webcam* que transmite *online*, pero es demasiado doloroso para él. Nos acabamos de conocer pero nos despedimos como dos viejos amigos, unidos por esa extraña sensación de quienes amamos a los animales en libertad y respetamos su entorno como si fuera nuestro propio hogar. Gracias, amigo, por todo lo que haces.

Pesca

Fernando Peralta practicó pesca sostenible en apnea durante muchos años realizando inmersiones de 30 metros en aproximadamente 3 minutos. Ahora no desciende a tanta profundidad pero sigue buceando con sus hijos siempre que puede. Me gusta hablar con alguien como él, pausado, con esa experiencia que parece reposar en su cuerpo tras tantas inmersiones. Habla tranquilo y te transporta enseguida a su mundo marino, contando vivencias que la memoria retiene todavía con fuerza: «Sólo con la uve bien hecha bajaba los primeros 4 metros sin esfuerzo, daba 2 golpes de aleta y ya no movía ni un músculo, caía a plomo y, según iba bajando, iba más rápido. Tardaba un minuto o minuto y medio en el descenso, tenía otro minuto para bucear y más o menos lo mismo para subir... Sería incapaz de pescar con una botella porque es pervertir todo lo que uno ha de respetar. Me sentiría miserable».

Trabaja en una oficina con 320 personas a su cargo. Hay un equilibrio en su presencia que no veo en los demás. Me dice que no tiene nada pendiente y que le une al mar algo muy profundo. Le pido un consejo para alguien que no lleva tantos años como él aprendiendo de la experiencia del buceo a pulmón: «Disfruta, disfruta del paisaje, de las cuevas, de los animales».

¿Es la pesca de subsistencia sostenible? Xavier Pastor es uno de los fundadores de *Greenpeace España* y actualmente es vicepresidente de *Oceana*, la mayor organización internacional que se ocupa sólo de temas marinos. Trabaja fundamentalmente en dos frentes: áreas protegidas y gestión responsable de pesquerías. Me encuentro con él en una librería de Madrid, lejos de su territorio natural que es el mar. Se pierde entre las calles y la gente y nos reímos cuando le digo que la meseta no es lo suyo. Lleva 40 años de activismo en defensa de los océanos. «La situación actual es que se están ganando muchas batallas pero se está perdiendo la guerra. La acumulación de batallas ganadas nos hace sentir optimistas; creemos que las cosas se están moviendo, pero realmente, si ves el global del planeta, no es así. Sobre todo el cambio climático, porque su velocidad es tan grande y tiene una inercia tal que difícilmente se va a parar. En cuanto al futuro, desde el punto de vista pesquero industrial los *stocks* se van a ir recuperando; EEUU y Europa se han puesto en marcha. La propia industria ha visto que el abismo ya estaba ahí y creo que, en los próximos 10 años, se va a producir una recuperación a nivel global. Las áreas marinas protegidas se van a extender mucho y la gestión de las zonas va a ser cada vez mejor. La contaminación marina por plásticos es un problema muy grave y sólo se podría solucionar prohibiendo su fabricación en grandes cantidades. Aún así quedaría lo que ya está. El cambio climático es lo peor de todo. Los datos reales son más alarmantes que los que se vaticinaban. ¿Qué pasará? Se extinguirán muchas especies, otras se adaptarán y se creará una situación en el mundo de migraciones en búsqueda de sitios donde se pueda vivir».

El Grupo Intergubernamental sobre Cambio Climático, más conocido por sus siglas en inglés (IPCC), fue establecido por la Organización Meteorológica Mundial y el Programa de Naciones Unidas sobre Medio Ambiente con objeto de evaluar la información científica, técnica y socioeconómica relevante para la comprensión del cambio climático, sus impactos potenciales y las opciones de adaptación y mitigación.

Desde su creación, el IPCC ha preparado una serie de documentos técnicos, informes especiales e informes de evaluación que han puesto a disposición de la comunidad internacional, tanto responsables políticos como público en general, el conocimiento científico-técnico disponible sobre el cambio climático.

El Quinto informe de Evaluación del IPCC, conocido por sus siglas en inglés, AR5, proporciona una actualización del conocimiento sobre los aspectos científicos, técnicos y socioeconómicos del cambio climático. En comparación con informes anteriores, este Quinto Informe pone un mayor énfasis en la evaluación de los aspectos socioeconómicos del cambio climático y en sus implicaciones para el desarrollo y la gestión de los riesgos, así como la puesta en marcha de respuestas de adaptación y mitigación. Insiste en que el origen del cambio climático es antropogénico y que los mayores aumentos de emisiones de CO_2 han tenido lugar entre los años 2000 y 2010. Las concentraciones en la atmósfera de CO_2, metano y óxido nitroso no tienen precedente en los últimos 800.000 años. La acidez de los océanos ha aumentado un 26% lo que supone fuertes cambios en la salinidad y evaporación del agua. Se calcula que el porcentaje de volumen perdido por los glaciares entre 1979 y 2012 varía entre el 10,5% y el 12,3%. El clima será más extremo y aumentarán las sequías, las tormentas serán más fuertes y los monzones más cortos. El informe asegura que gran parte del calentamiento global es ya irreversible y seguirá durante siglos. «Muchas de las personas más vulnerables al cambio climático apenas han contribuido y contribuyen a las emisiones de gases de efecto invernadero», explicaba R.K. Pachauri, presidente del IPCC. «No será posible afrontar el cambio climático si los distintos agentes anteponen sus propios intereses de forma independiente; sólo se alcanzarán resultados positivos con respuestas colectivas, en particular de cooperación internacional».

No debemos esperar a que los políticos actúen por nosotros cuando nuestra primera responsabilidad es proteger y cuidar lo que tenemos más cerca. La elección es personal.

Arte

Recoger basura del fondo del mar es una actividad compartida por apneistas y buceadores con botella. Comprender el océano como nuestro hogar provoca esta actitud en muchos de nosotros: salir con una bolsa de tela y recuperar deshechos que no deberían llegar nunca al agua. En 2013 un estudiante de ingeniería holandés llamado Boyan Slat inventó un dispositivo cuyo objetivo es recoger más de 7 millones de toneladas de basura en 5 años. El proyecto ha sido bautizado como *Ocean Array Cleanup* y consiste en una plataforma flotante con unos enormes brazos que trabajan como un embudo gigante. El ángulo hace que el plástico flote hacia la plataforma donde se separa del plancton y se almacena para el futuro reciclaje. La mirada con que se ve un objeto no biodegradable formando parte de la Naturaleza está llena de preguntas sin respuesta, de ofensa. Somos la única especie capaz de acabar con su entorno y las consecuencias aparecen reflejadas en los océanos.

Javier Sanz vive en Moraira y es alguien muy vinculado al mar y al buceo a pulmón, que lleva practicando desde hace 30 años. Él trata los restos de basura como objetos artísticos y los transforma mediante un proceso creativo y sostenible. «Todo empezó porque una vez al año, aquí en el pueblo, hace ya unos 15 años, formamos unas jornadas de limpieza y recogíamos basura del fondo. Participaban todos los centros de buceo y yo era el único que iba a pulmón. Siempre me ha gustado hacer cosas con las manos y considero que la basura es un tesoro y el mar tiene una manera única de tratar los materiales: las vasijas se llenan de conchas, los poliésteres se liman, el cristal parece romano. Así que primero limpiaba el mar y luego le daba una aplicación estética a todo lo que encontraba. Ahora estoy trabajando con la madera de mar, con la madera devuelta a la orilla, que al estar en agua salada no es atacada por los xilófagos y deja unas formas muy bonitas».

Con una vieja boya que encontró a la deriva creó la lámpara que ilumina su salón con una luz tenue y cálida. El suelo de la ducha de su baño está realizado con piedras negras recogidas en la playa donde paseaba Dalí en Port Lligat. Usa las conchas largas y ovaladas de las orejas de mar para añadir pasamanería a sus estores o colecciona pequeñas caracolas recogidas en Senegal. «Hay algo que me ofende. Cuando me tiro a bucear nunca salgo sin nada; intento recoger todo lo que encuentro y es como cuando estás en casa y algo está sucio. El mar es lo mismo, lo intento dejar igual o mejor de lo que me lo encuentro. Es un proceso de limpieza y luego, por reflexión, me pregunto, ¿qué puedo hacer yo con esto? Siempre hay algo que se puede hacer con todo».

Me siento en deuda con alguien como él, agradecido, y me gustaría que su ejemplo sirviera para que otros se adelantaran y comenzaran a repetir esta actividad en cada mar, en cada costa. Pero Javier es alguien profundamente sensible y humilde, habla con pudor, como si lo que hace tuviera que ser anónimo, lejano. Y entiendo esa manera suya de contar las cosas como si describiera su propia desnudez, su soledad. Su hablar recicla tu basura. «El mar es el único sitio donde puedo desconectar del todo; el cerebro siempre está trabajando, pero en el mar consigo que sólo sea el mar. Puedo tirarme al agua y estar allí 4 o 5 horas porque no tengo conciencia del tiempo, es una paz total y un lugar de aprendizaje. Cuando más nervioso estoy, la gente que está a mi alrededor me dice: 'tírate al mar'. Saben que al salir soy otra persona porque, realmente, relativizas».

El segundo año que realizaron la limpieza acudió la televisión a grabar un pequeño bloque para emitir en las noticias. La concejala de Cultura aseguró que ese año sacarían menos residuos y que el litoral estaba mucho más limpio, que los esfuerzos estaban dando resultados y que la gestión municipal había sido la adecuada. Cuando preguntaron a Javier les dijo que aquello era un hecho puntual y que no era más que un grano de arena, que era como si los camiones de tu ciudad salieran solamente una vez al año a recoger la basura; el resto del año no hay un servicio de limpieza del Ayuntamiento que vaya con piraguas haciendo una labor diaria. Pero aquello no salió emitido, no era lo que querían oír.

Y cómo no nombrar a Plasson el pintor, el personaje creado por Alessandro Baricco en su obra *Océano mar, el hombre que pinta el mar con el mar*: «Sigue mirando fijamente el mar. Silencio. De vez en cuando moja el pincel en una taza de cobre y esboza sobre la tela unos cuantos trazos ligeros. Las cerdas del pincel dejan tras de sí la sombra de una palidísima oscuridad que el viento seca inmediatamente haciendo aflorar el blanco anterior. Agua. En la taza de cobre no hay más que agua. Y en la tela, nada. Nada que se pueda ver».

Nutrición

Para toda actividad física la alimentación es el punto de engranaje entre la energía y el esfuerzo. La dieta es determinante para afrontar un trabajo muscular adecuado y evitar síntomas de hipoglucemia que, bajo el agua, supondrían una situación de riesgo. El buceo a pulmón es una disciplina deportiva que provoca un gasto energético extraordinariamente alto, por las condiciones naturales en las que se realiza y por la hipoxia a la que está sometido el organismo. El rendimiento depende de la calidad y la cantidad de alimentos consumidos antes y después del ejercicio; dicha ingesta debe compensar el gasto calórico y estar compuesta por una variedad de nutrientes que suministren un correcto equilibrio alimenticio. Los principios inmediatos son esos nutrientes que nuestro organismo necesita para su desarrollo y están divididos en dos grandes grupos:

- *Principios inmediatos inorgánicos*: Son aquéllos que también pueden formar parte de materiales inertes.

    - El agua: es el componente más abundante del cuerpo humano e imprescindible para la vida. En ella se disuelven el resto de componentes y ocurren las reacciones químicas que se transportan a los diferentes lugares del cuerpo. Además, participa en la refrigeración de la temperatura corporal, la lubricación de las articulaciones y la regulación de los electrolitos en sangre. Se trata de un nutriente acalórico y sólo la pérdida de un 10% de ella supone un serio riesgo para la salud. La mayor cantidad de su volumen se acumula en los músculos y alrededor del 80% de la energía que se produce a través de la contracción muscular se libera en forma de calor produciendo la sudoración, que enfría el organismo a través de la pérdida de líquidos. Cuando la reposición de agua no compensa el volumen perdido se produce la deshidratación. Los electrolitos son minerales presentes en sangre y otros líquidos que poseen una carga eléctrica; ayudan a regular el equilibrio de los líquidos en el organismo, la acidez de la sangre, etc. Los más comunes son el sodio, el calcio, el magnesio o el potasio. La fatiga y los calambres musculares se relacionan con la deshidratación.

- Sales minerales: Cumplen una función estructural al formar parte de la composición sólida de organismos como los huesos o los dientes y participan en el funcionamiento general del metabolismo.

Ésta es la tabla creada por el Servicio de Medicina, Endocrinología y Nutrición del Consejo Superior de Deportes y publicada en el estudio *Alimentación, nutrición y deshidratación en el deporte* en el año 2009:

Sustancia mineral	Funciones más importantes	Síntomas de carencia	Síntomas de sobredosis	Fuentes dietéticas
Macrominerales				
Calcio (Ca)	Formación de huesos y dientes Transmisión nerviosa Contracción muscular Coagulación sanguínea Metabolismo energético del glucógeno	Alteración del crecimiento Disminución del contenido mineral óseo Problemas musculares	Estreñimiento, inhibición de la absorción de otros minerales (hierro, cinc...)	Leche, queso y derivados, legumbres secas. Aguas duras y alcalinas
Fósforo (P)	Formación de huesos y dientes. Mantenimiento del equilibrio interno Metabolismo energético y proteico	Debilidad general Pérdidas de calcio. Desmineralización del hueso	Induce pérdidas de calcio Problemas mandibulares	Leche, queso y sus derivados, pescados y carnes, cereales integrales y frutos secos

Sustancia mineral	Funciones más importantes	Síntomas de carencia	Síntomas de sobredosis	Fuentes dietéticas
Potasio (K)	Relajación muscular. Mantenimiento del equilibrio interno. Metabolismo energético Mineralización ósea. Función nerviosa Mantenimiento de un adecuado estado de hidratación	En el caso de vómitos y/o diarreas importantes, se produce debilidad muscular e incluso parálisis	Debilidad muscular Alteración cardíaca	Una gran variedad de frutas y verduras, la leche, los pescados y las carnes

Sustancia mineral	Funciones más importantes	Síntomas de carencia	Síntomas de sobredosis	Fuentes dietéticas
Sodio (Na)	Mantenimiento del equilibrio interno. Correcta función nerviosa. Mantenimiento de un adecuado estado de hidratación	Calambres musculares Apatía mental Disminución del apetito	Elevada tensión arterial (HTA)	Sal común, alimentos en salazón, queso, leche, bebidas para el deportista...
Microminerales				
Magnesio (Mg)	Metabolismo proteico y energético Formación del hueso. Regulador metabólico Función nerviosa. Función muscular	Fallos en el crecimiento Alteración del comportamiento (depresión) Debilidad Espasmos musculares	Diarrea. Náuseas. Vómitos Hipotensión	Cereales integrales, frutos secos, verduras y hortalizas verdes
Hierro (Fe)	Correcta captación y transporte del oxígeno Metabolismo energético	Anemia ferropénica (debilidad, menor resistencia a las infecciones)	Siderosis, cirrosis hepática	ALTA DISPONIBILIDAD pescados, especialmente moluscos y carnes MEDIA DISPONIBILIDAD huevos BAJA DISPONIBILIDAD legumbres, cereales integrales

Sustancia mineral	Funciones más importantes	Síntomas de carencia	Síntomas de sobredosis	Fuentes dietéticas
Cinc (Zn)	Metabolismo energético y proteico Correcto funcionamiento del sistema inmunitario Correcta cicatrización Antioxidante metabólico Correcta función de los sentidos del olfato y gusto Digestión correcta	Fallos en el crecimiento y desarrollo óseos Desarrollo anormal de los genitales Inapetencia Trastornos en los sentido del gusto y olfato	Fiebre, náuseas, vómitos, diarrea. Absorción de cobre disminuida Disminución de las HDLc («colesterol bueno») Neutropenia	Pescados, mariscos, cereales integrales
Flúor (F)	Formación correcta de huesos y dientes. Anticaries	Aumenta la incidencia de caries Aumenta la incidencia de pérdida de piezas dentales	Dientes moteados Aumenta la densidad del hueso Alteraciones neurológicas, del pelo y de la piel	Té y mariscos Principalmente el agua de bebida fluorada
Selenio (Se)	Protección celular	Anemia (rara) Alteraciones en las uñas	Problemas gastrointestinales	Pescados, cereales, carnes
Cobre (Cu)	Síntesis de hemoglobina y correcta utilización del hierro	Anemia (rara)	Enfermedad de Wilson	Pescados, carnes, agua de bebida
Iodo (l)	Correcto funcionamiento hormonal	Bocio	Disminución de la actividad hormonal	Pescados, mariscos, determinadas verduras...
Cromo (Cr)	Metabolismo energético de la glucosa	Disminuye la utilización de la glucosa	Daños en piel y riñones (rara)	Grasas, aceites vegetales, carnes
Azufre (S)	Constituyente esencial de muchos tejidos (cartílago)	Acompaña al déficit proteínico	Crecimiento disminuido	Aminoácidos sulfurados (alimentos proteínicos)

• *Principios inmediatos orgánicos:*

- Hidratos de carbono: son la fuente de energía del músculo para la práctica física. Están compuestos por carbono, hidrógeno y oxígeno (CH_2O) y cada gramo aporta unas 4 Kcal. Cuando ingerimos hidratos se descomponen en azúcares simples que pasan al torrente sanguíneo. Al elevarse la concentración, el páncreas actúa liberando insulina para que las células puedan absorber el azúcar que servirá como aporte energético. Los hidratos de carbono simples o de absorción rápida se procesan más rápidamente y provocan que volvamos a tener hambre pronto (frutas, mermeladas, leche...) Cuando son complejos o de absorción lenta nos sentimos saciados más horas y aportan energía durante períodos más largos (cereales, lentejas, patatas...)

- Grasas: son energéticas y muy necesarias en un porcentaje adecuado para la práctica deportiva. Si no tenemos los niveles mínimos de grasa corporal, el cuerpo consumirá los tejidos musculares en busca de su aporte de energía. Las grasas consumidas han de ser saludables y no saturadas. Si superamos el 35% de la dieta en grasas empeorarán los niveles de carbohidratos y, por lo tanto, el almacenamiento de glucógeno, el combustible del organismo humano. Además, se incrementarán nuestros niveles de colesterol, empeorará el funcionamiento del sistema circulatorio, el sistema cardiovascular y la vesícula. Cada gramo aporta 9 Kcal y, a medida que se prolonga el ejercicio, son el principal aporte calórico del cuerpo. Alimentos como el aceite de oliva, los frutos secos, el maíz o el pescado azul poseen ácidos grasos fundamentales para una dieta equilibrada.

- Proteínas: después del agua, es el componente más abundante en los seres vivos. Están constituidas por 20 aminoácidos diferentes que se unen unos a otros formando largas cadenas esenciales para el mantenimiento y recuperación de la masa muscular. Forman parte de los tejidos, transportan otras sustancias (la hemoglobina de los glóbulos rojos lleva oxígeno a las células), regulan el buen funcionamiento orgánico (enzimas), y también son anticuerpos que tratan de defender al organismo de enfermedades infecciosas. Como sustrato energético sólo tienen valor cuando las reservas de carbohidratos y grasas se agotan.

El entrenamiento para incrementar el rendimiento del buceo en apnea puede ocasionar situaciones de estrés muscular y sobresfuerzo, cuyas consecuencias son la producción de una cantidad excesiva de radicales libres, moléculas que en grandes cantidadades pueden provocar un envejecimiento prematuro del cuerpo. Los antioxidantes neutralizan ese efecto y se encuentran en alimentos de origen vegetal. Las vitaminas con función antioxidante son:

• *Vitamina C:* es la más potente y se encuentra en alimentos como el kiwi, los cítricos, el mango, los tomates, la col...

• *Vitamina E:* es la primera barrera defensora frente a los radicales libres y su fuente son los aceites, los huevos, los frutos secos, los vegetales de hoja verde...

• *Beta-caroteno o «provitamina A»:* pertenece a la familia de los carotenoides y el organismo es capaz de transformarlo en vitamina A. Posee las propiedades de dicha vitamina y su acción antioxidante.

Tiene un efecto beneficioso sobre procesos inflamatorios y su fuente son la zanahoria, las espinacas, las cerezas, el melón, la calabaza...

- *Selenio:* ayuda a prevenir el envejecimiento celular y aumenta la producción de glóbulos blancos. Su fuente son la carne, el pescado, el ajo, la cebolla, los mariscos...
- *Zinc:* participa en la formación de nuevas proteínas, del sistema inmunitario y favorece el tono y elasticidad de la piel. Su fuente son los huevos, las legumbres, la carne, el pescado azul...
- *Compuestos fenólicos:* poseen una fuerte acción de prevención sobre las células y están muy distribuidos en el reino vegetal. Su fuente son la fruta, la verdura, las hortalizas, el té...

¿Cuál debe ser entonces la dieta de un apneista? Aunque cada uno regula su cuerpo de una manera diferente y a veces esa diferencia muestra rendimientos sorprendentes ante aspectos nutricionales presumiblemente equivocados, el desayuno es la comida más importante el día de inmersión. Es importante evitar la cafeína ya que aumenta el ritmo cardíaco y en consecuencia el consumo de oxígeno. También los dulces, que aumentan la concentración de niveles de azúcar en sangre, provocan la secreción de insulina y la bajada excesiva de dichos niveles (hipoglucemia). Se debe por tanto ingerir alimentos ricos en hidratos de carbono de combustión lenta como cereales, y hacerlo unas dos horas antes del ejercicio. Es preferible hacer 4 o 5 comidas al día con digestiones ligeras que ingestas copiosas con recuperaciones más costosas. Los aportes vitamínicos pueden incrementar los resultados de la apnea pues logran mejorar la capacidad pulmonar y el flujo sanguíneo. El estudio *Alimentación, nu-*

trición y deshidratación en el deporte que ya nombré antes resume así las funciones derivadas de su consumo:

Hidrosolubles	Funciones	Síntomas de carencia	Síntomas de sobredosis	Fuentes dietéticas
B1 (tiamina)	Metabolismo de los hidratos de carbono Correcto funcionamiento del sistema nervioso	Beri-Beri (fallo del sistema nervioso, fatiga, debilidad muscular, insuficiencia cardiaca)	Ninguno registrado	Carnes magras, hígado, cereales integrales
B2 (riboflavina)	Metabolismo energético	Fatiga, fallo del sentido de la visión, problemas labiales y/o bucales	Ninguno registrado	Ampliamente distribuida en los alimentos (leche y derivados, legumbres, cereales, carnes, hortalizas...)
B3 (niacina o PP)	Metabolismo energético	Pelagra (lesiones bucales y digestivas, problemas nerviosos y mentales) Problemas musculares	Acaloramiento, vasodilatación, picores en zona de cuello, cara y manos, dolor de cabeza, náuseas	Legumbres, cereales integrales, pescados, hígado
B5 (ácido panto-ténico)	Metabolismo energético y proteico Mantenimiento de la correcta actividad nerviosa	Fatiga, problemas de coordinación, trastornos del sueño, problemas musculares, vómitos	Ninguno registrado	Ampliamente distribuida en los alimentos (huevos, leche y derivados, legumbres...)
B6 (piridoxina)	Metabolismo de las proteínas Formación de los glóbulos rojos	Problemas musculares, anemia, alteraciones en la piel, vómitos, temblores, irritabilidad	Posible daño nervioso (neuropatía sensorial) y/o hepático	Pescados, carnes magras, cereales integrales

Hidrosolubles	Funciones	Síntomas de carencia	Síntomas de sobredosis	Fuentes dietéticas
B8 (biotina o H)	Síntesis de lípidos y glucógeno Metabolismo proteico Correcto funcionamiento del sistema nervioso y circulatorio	Dolor muscular, depresión, fatiga, problemas cutáneos, impotencia, insomnio, anemia	Ninguno registrado	Legumbres, verduras, hortalizas frescas, frutos secos, yema de huevo, carnes, hígado
B9 (ácido fólico)	Metabolismo proteico Metabolismo de los ácidos nucleicos (ADN y ARN), formación de los glóbulos rojos	Anemia, problemas gastrointestinales, disminución de la resistencia física, diarrea (*) Afecciones renales	Puede enmascarar los síntomas de una anemia	Legumbres, cereales integrales, verduras y hortalizas de hoja verde, naranjas, plátanos y frutos secos
B12 (cianocobalamina)	Metabolismo de los ácidos nucléicos (ADN y ARN) Correcta función del sistema nervioso Correcto desarrollo de los glóbulos rojos	Anemia perniciosa, desórdenes nerviosos, mala coordinación muscular	Posible daño hepático	Alimentos de origen exclusivamente animal (pescados, carnes y yema de huevo)

Hidrosolubles	Funciones	Síntomas de carencia	Síntomas de sobredosis	Fuentes dietéticas
C (ácido ascórbico)	Mantenimiento de la constancia de todos los tejidos del cuerpo (incluidos el óseo y el muscular) Formación de tendones y ligamentos (colágeno) Absorción de hierro Metabolismo energético de lípidos	Escorbuto (degeneración de piel, dientes, vasos sanguíneos, hemorragias) Predispone a infecciones, aumenta el tiempo de cicatrización de lesiones y heridas, predispone a la disminución de la resistencia ósea Predispone a anemias	Posible formación de cálculos renales	Frutas cítricas, fresas, kiwis, pimientos, tomates y otras verduras y hortalizas verdes

Liposolubles	Funciones	Síntomas de carencia	Síntomas de sobredosis	Fuentes dietéticas
A (retinol)	Formación de tejidos. Correcta función visual	Trastornos importantes de la visión Alteraciones en tejidos diversos	Dolor de cabeza, vómitos, problemas cutáneos, sequedad de mucosas, inflamaciones óseas, falta de apetito	Vegetales verdes y naranjas (como precursores) y en hígado, lácteos y derivados enteros (como sustancia activa)
D (calciferol)	Crecimiento y desarrollo del esqueleto Favorece la absorción de calcio	Mala recuperación de lesiones óseas Raquitismo (en niños) y osteomalacia (en adultos) Predispone a fracturas óseas	Depósitos de calcio en órganos, vómitos, diarreas, debilidad muscular, trastornos renales	Exclusivamente fuentes animales (productos lácteos enteros, hígado, pescados grasos) y sol (activador de la formación a partir de precursores)

Liposolubles	Funciones	Síntomas de carencia	Síntomas de sobredosis	Fuentes dietéticas
E (tocoferol)	Antioxidante de los tejidos. Protectora y reparadora de tejidos dañados y glóbulos rojos	Posible anemia	Poco conocidos	Semillas, frutos secos, aceites vegetales, vegetales de hoja verde
K (filoquinona)	Importante en la coagulación de la sangre (curación y cicatrización de heridas y lesiones)	Hemorragias	Poco conocidos (las formas sintéticas pueden provocar ictericia)	Verduras de hoja verde, hígado, yema de huevo y a partir de las bacterias intestinales

Nuestro cuerpo necesita una dieta equilibrada para proporcionar los nutrientes que aporten la energía adecuada a nuestro esfuerzo. El buceo a pulmón es una actividad física muy exigente que requiere una alimentación inteligente y saludable. Decía Thomas Edison: «El médico del futuro no tratará el cuerpo humano con medicamentos, más bien curará y prevendrá las enfermedades con la nutrición».

Miguel Lozano

Miguel Lozano es el deportista español que más profundo ha logrado descender en una sola respiración, con una marca de 117 metros en inmersión libre. Con una capacidad pulmonar de 10 litros, es capaz de resistir más de 8,23 minutos sin respirar en apnea estática. Trato de hablar con él pero tiene que impartir más de una treintena de cursos por toda España durante el año, además de entrenar, dar conferencias y asistir a diferentes competiciones internacionales. Veo vídeos de sus descensos y contemplo en ellos a una persona pausada y sonriente. Entonces una mañana suena el teléfono; Miguel tiene un rato y lo dedica a difundir su pasión:

–¿De dónde viene tu relación con el mar y por qué el buceo en apnea?

–Yo soy de un pueblo costero de Barcelona que se llama Montgat y desde muy pequeño tengo relación con el mar. Luego empecé con la pesca submarina y eso quedó latente; en realidad, yo no conocí la apnea como deporte hasta los 24 o 25 años. Por mi forma de ser siempre he estado viajando bastante y, en uno de esos viajes de más de un año por Asia y por Australia, descubrí los mares tropicales, empecé a bucear a pulmón para ver animales y me apasionó. Volví a Barcelona, encontré un club y con ellos aprendí la metodología, la forma de respirar, la forma de inducir la relajación y todo se fue desarrollando de la manera más natural, sin ninguna pretensión. A partir de ahí, los viajes que hice fueron a lugares donde había más cultura de apnea; conocí a otras personas con las mismas inquietudes de las que fui aprendiendo más. Estuve viviendo en Egipto, en Canarias, en Asia, y ese desarrollo natural dura hasta hoy.

–¿Cómo entrenas tu preparación física y mental para afrontar un descenso?

–Mi entrenamiento ha sido exclusivamente específico. He entrenado prácticamente todos los días en mar, sin ningún tipo de entrenamiento en seco ni en piscina. Así me adapté físicamente, psicológicamente y fisiológicamente a la profundidad. Tengo asociada la idea de apnea al placer, a una sensación más lúdica y no a una connotación de entrenamiento. A nivel mental no hago ningún trabajo particular más que la propia profundidad; mi trabajo mental es la profundidad. A medida que repites una cosa se desarrollan mecanismos que hacen que te puedas adaptar mentalmente a ese trabajo, bajar la alarma de los miedos y las inseguridades de forma gradual para ir superando esas barreras.

–¿Qué efectos terapéuticos ves en la práctica del buceo a pulmón a un nivel menos competitivo?

–Hay que diferenciar lo que es la apnea competitiva y la apnea recreativa. En la competitiva sigo teniendo una parte de placer pero con la práctica constante obviamente se va perdiendo esa parte terapéutica. En la recreativa, tanto en piscina como en el mar, la respiración es básica para inducir la relajación; aprendes el conocimiento del propio cuerpo, a liberar tensiones, la parte mental de evasión, de un viaje en el tiempo. Dejas fluir tu mente. El agua es un transmisor de relajación; en ingravidez podemos relajar todos los músculos y para mí es la única forma real de soltar la mente. En apnea dinámica, de recorrido en piscina, trabajas la técnica, el movimiento, la fluidez y hace que estés cien por cien concentrado en ser lo más eficiente posible. En profundidad, conjugas la parte técnica de descender, compensar los oídos, liberar tu cuerpo completamente a través de un trabajo previo de relajación, concentración y visualización del descenso, para gestionar miedos e inseguridades que todos los seres humanos tenemos.

–Sé que haces cursos de formación a profesionales y empresas. ¿Cómo crees que se puede aplicar el buceo a la vida diaria?

–En ambos casos, incluso para deportistas de élite, lo más importante es el conocimiento de la respiración, la fisiología específica de la apnea y aguantarla de una forma relajada. El mar es el trabajo más relevante para gente que sufre tensiones o que trabaja bajo presión. Para profesionales como bomberos o cuerpos de protección civil se trabaja con ejercicios destinados a ser conscientes de una situación de emergencia para poder tomar la mejor decisión. La apnea es un vehículo muy bueno porque les acerca mucho a sus capacidades y a sus límites, aunque sea en simulacros, ya que se asemejan mucho a la situación real que se pueden encontrar.

—¿Qué experiencia personal te ha marcado en tu vida?

—No hay una situación concreta. A nivel global, el aprendizaje de uno mismo, tus miedos e inseguridades y el conocimiento de tu propio cuerpo. Quizás, la situación a la que habitualmente la gente tiene mayor miedo es la pérdida de conciencia bajo el agua y me ha ocurrido tres veces. Tampoco soy un apneista a quien le pase a menudo y suele ser debido a un error técnico y no a una sobrevaloración de las capacidades. Lo más impactante fue hace un par de años cuando murió un amigo mío en una competición en Bahamas debido a un barotrauma y fue un shock para la comunidad apneística. Constituyó un punto de inflexión para mí y empecé a bucear de una forma más responsable ya que, a ciertos niveles, tienes que ser muy consciente de los riesgos.

—Tu marca actual está en 117 metros y sé que estás muy poco tiempo a esa profundidad. ¿Qué hay ahí abajo?

—Es muy difícil de describir. Hay una mezcla de muchas sensaciones; por un lado tengo que estar muy concentrado en lo que estoy haciendo, el mundo desaparece y no hay nada más importante que eso; queda muy poco aire para poder compensar los oídos y tienes que estar prácticamente concentrado en ello, tienes que relajar del todo tu cuerpo y a esa profundidad sufres narcosis, por lo que es más fácil tomar decisiones erróneas. Pero también tengo una sensación de soledad unida por un cordón umbilical a la superficie, a la vida. Me gustan todas las fases del descenso: la relajación, las respiraciones previas donde tu mente te va a dar cualquier excusa para que salgas de ahí, el ejercicio técnico del movimiento, el descender con más potencia los primeros metros y la caída libre, que es la parte más bonita de todas porque es como volar; caes por tu propio peso, sueltas todos los músculos, te concentras en la compensación y te dejas llevar. Es un aprendizaje constante.

—¿Cuáles son tus planes a corto plazo?

–Seguir con los cursos de formación, el Mundial, entrenar en Tenerife y Egipto y el año que viene en Indonesia. El objetivo es asistir a las competiciones que hay en abril y mayo en el Caribe, en Bahamas y Caimán, y mejorar la marca. Hace un año me preparé para lograr un récord del mundo pero tuve un edema pulmonar y finalmente no pude afrontar el reto. No me quiero meter presión ya que depende de muchos factores. Se trata de seguir mejorando; tengo la ilusión de poder batirlo pero no a cualquier precio. Voy a seguir haciendo lo que a mi me gusta que es viajar por la apnea, estar rodeado de apneistas, ver animales que es mi pasión, dar cursos y charlas y sin ninguna prisa.

–¿Qué consejo nos darías a los buceadores menos experimentados?

–En cuanto a la apnea deportiva lo primero es formarse adecuadamente. Hay que cambiar la connotación que tiene la gente de la apnea de que es un deporte de riesgo y para locos. La parte de autoformación también es importante, entenderse a uno mismo, practicar con un compañero, que se genere una cultura de apnea dentro de tu comunidad y que buceen otras personas, que el objetivo no sea hacer más profundidad, más tiempo o más distancia sino que sea un aprendizaje en sí mismo, con una actitud de placer y de respeto por el mar.

Antes de despedirnos hablamos sobre la necesidad de acceder al mar tratando de proteger el medio pues, como dice, no hay mejor manera de acercarse a su entorno que buceando a pulmón. Él también imparte cursos de formación a biólogos marinos para desarrollar el conocimiento que permitirá recuperar una actitud más sostenible con el medio marino.

Queda un poso en mí de la conversación que acabamos de tener, una sensación de bienestar, de tranquilidad. Aún resuena en mi cabeza una frase que me ha marcado: «Mi trabajo mental es la profundidad». Y en esa frase está toda la significación del buceo a pulmón, no encuentro una mejor manera de entender las sensaciones que uno tiene cuando está abajo.

Uno siente que es parte del océano, parte natural de la profundidad que le contiene.

Agradecimientos

Escribir este libro me ha otorgado la posibilidad de conocer a personas a las que admiro hondamente. Hablar con ellas me ha acercado a lo mejor de la naturaleza humana. Algunas han preferido no pertenecer a la palabra escrita y habitan estas páginas sin su nombre impreso. Gracias por vuestra increíble ayuda.

Quiero agradecer a William Trubridge su enorme esfuerzo.

A David Cru, tantos años de amistad y enseñanza.

A Fernando Peralta, su tiempo y ese maravilloso café que preparó con gestos de director de orquesta.

A Salvador Lechuga, sus palmas abiertas para lo que necesitara y el recuerdo de aquel concierto de Wim Mertens.

A María Terente, la primera vez que descendí con botella y esa sombra a contraluz de los dos que aún compartimos.

A Guillermo Collazo, Galicia y el agua menos helada con él.

A Karla Méndez, su inmediata generosidad.

A Marina Perezagua, el ser criatura abisal.

A Óscar Mateo, la espiritualidad de los actos y los afectos.

A Ana Salceda, su lucha por los océanos y sus habitantes, la pertenencia a una amistad sin fronteras.

A Christina y Eusebio Sáenz de Santamaría, el enfoque submarino de la vida.

A José Alfredo López, su estela en tantos hombres que ya navegan solos.

A Joaquín López, la poesía, el tiempo, la hermandad.

A Juan Batallas, su aventura en la playa de Barro y todas las sonrisas que le debo.

A Aimee Mcconnelo, la danza de la tierra.

A Ángel Durán, la hechura de alguien que me mostró cómo crecer cuando yo aún era un brote.

A Albert López, el pertenecer a la familia de los cetáceos.

A Xavier Pastor, su activismo durante tantos años y esa charla en La Central, tan lejos de la costa y las mareas.

A Javier Sanz, el reciclaje de los objetos y las personas.

A Miguel Lozano, el estar aquí, en esta humilde inmersión literaria.

A Sara Aagesen, lo que sé sobre el cambio climático y un viaje que nos cambió la vida.

A Luis Martín-Jadraque, el origen, inacabado siempre, de lo que está por llegar.

A Alberto Heras, el retrato de un hermano mayor.

A Iván Beltrán, la pedagogía del deporte y esos momentos únicos de complicidad y sonrisas.

Quiero agradecer a todos cuantos aman y protegen la Naturaleza cada acto de respeto y sostenibilidad hacia el medio ambiente, cada gesto de curación, de amparo. Gracias.

Y por último a Irina Comesaña, luz azul.

Bibliografía recomendada

BACHRACH, Estanislao (2012). *Ágilmente*. Editorial Sudamericana.

BARICCO, Alessandro (1999). *Océano mar*. Editorial Anagrama.

BLAKE, William (2013). *Libros proféticos*. Editorial Atalanta.

BOMBARD, Alain (1999). *Náufrago voluntario*. José J. de Olañeta, Editor.

BORGES, Jorge Luis (1989). *Obras completas*. Emecé editores.

BRIZENDINE, Louann (2006). *El cerebro femenino*. Editorial RBA.

CELAYA, Gabriel (1989). *Itinerario poético*. Editorial Cátedra.

CHRISTENSEN, Inger (2014). *Alfabeto*. Editorial Sexto Piso.

DESHIMARU, Taisen (1979). *La práctica del Zen*. Editorial Kairós.

ECHENOZ, Jean (2010). *Correr*. Editorial Anagrama.

ESTRADA, Álvaro (1977). *Vida de María Sabina*. Siglo XXI editores.

FERRERAS, Pipín (2005). *En el abismo azul*. Ediciones Martínez Roca.

GOLEMAN, Daniel (2006). *Inteligencia emocional*. Editorial Kairós.

JUNG, Carl Gustav (2013). *El libro rojo*. Editorial El hilo de Ariadna.

KRISHNAMURTI, Jiddu (1995). *El estado creativo de la mente*. Editorial Kier.

LE BRETON, David (2015). *Elogio del caminar*. Editorial Siruela.

MURDOCH, Iris (2004). *El mar, el mar*. Editorial Lumen.

NICHOLS, Wallace J. (2015). *Blue mind. Little, Brown and Company*.

PALACIOS, Nieves – MONTALVO, Zigor – RIBAS, Ana María (Doctores) (2009). *Alimentación, nutrición e hidratación en el deporte.* Consejo Superior de Deportes.

PELIZZARI, Umberto (2005). *Curso de apnea.* Editorial Paidotribo.

PEREZAGUA, Marina (2011). *Criaturas abisales.* Editorial Los libros del lince.

PEREZAGUA, Marina (2013). *Leche.* Editorial Los libros del lince.

RILKE, Rainer María (1991). *Nuevos poemas.* Editorial Hiperión.

ROBERTS, Callum (2012). *Océano de vida.* Alianza editorial.

SABINES, Jaime (1977). *Nuevo recuento de poemas.* Editorial Biblioteca paralela.

SALINAS, Pedro (2007). *Poesías completas.* Editorial Mondadori.

TARKOVSKI, Andrei (2006). *Esculpir en el tiempo.* Ediciones Rialp.

URZÚA PÉREZ, Cristián (2013). *Historias para crecer como padres.* Editorial San Pablo.

VALENTE, José Ángel (2000). *Obra poética.* Alianza editorial.

WILSON, Edward Osborne (1980). *Sobre la naturaleza humana.* Ediciones Fondo de Cultura Económica.

ZAMBRANO, María (2006). *Los sueños y el tiempo.* Editorial Siruela.

Filmografía recomendada

- *A sloth named Velcro* (2014) – Directora: Ana Salceda
- *American Beauty* (1999) – Director: Sam Mendes
- *Baraka* (1992) – Director: Ron Fricke
- *Blackfish* (2013) – Directora: Gabriela Cowperthwaite
- *Breathe. A Freedive Film* (2011) – Director: Martin Khodabakhshian
- *Coral Connections* (2007) – Directora: Ana Salceda
- *Darwin´s Nightmare* (2004) – Director: Hubert Sauper
- *Das Ende ist mein Anfang* (2010) – Director: Jo Baier
- *Die Welle* (2008) – Director: Dennis Gansel
- *Earth* (2007) – Directores: Alastair Fothergill, Mark Linfield
- *Home* (2009) – Director: Yann Arthus–Bertrand
- *La Marche de L'empereur* (2005) – Director: Luc Jacquet
- *Le Grand Bleu* (1988) – Director: Luc Besson
- *Le people Migrateur* (2001) – Directores: Jacques Perrin, Jacques Cluzaud, Michel Debats
- *Ocean Men: Extreme Dive* (2001) – Director: Bob Talbot
- *Océans* (2009) – Directores: Jacques Perrin, Jacques Cluzaud
- *Samsara* (2011) – Director: Ron Fricke
- *Sharkwater* (2006) – Director: Rob Stewart
- *The Cove* (2009) – Director: Louie Psihoyos
- *The End of the Line* (2007) – Director: Rupert Murray
- *Touching the Void* (2003) – Director: Kevin Macdonald